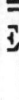

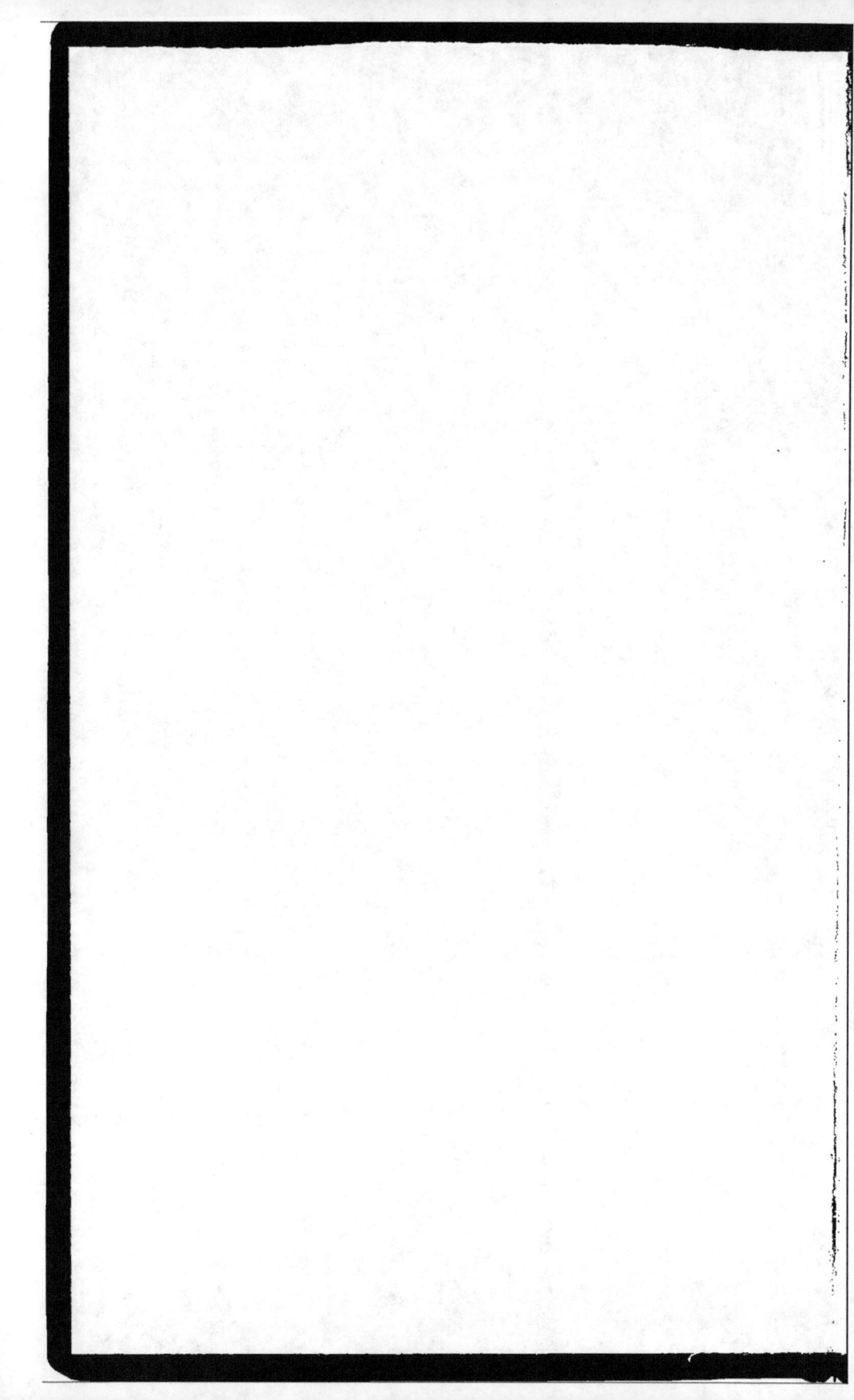

ALEXANDRE Jeune

À TRAVERS GLACES

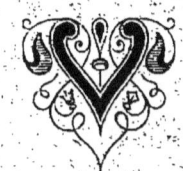

PARIS
VICTOR MASSON ET FILS
Place de l'École de Médecine.

1862.

A TRAVERS GLACES

29881

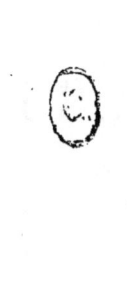

A TRAVERS GLACES

RECHERCHES HISTORIQUES ET CRITIQUES.—ORIGINES.
ANECDOTES. — FABRICATION.

PAR

ALEXANDRE Jeune

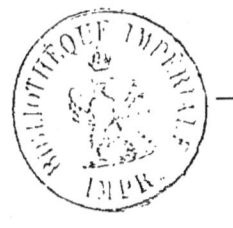

PARIS

VICTOR MASSON et FILS

Place de l'École de Médecine.

—

1862.

PRÉFACE

Nous n'avons, en publiant ce modeste opuscule, aucune prétention littéraire ou scientifique ; nous y recherchons l'origine de notre art, nous racontons ses progrès et ses développements successifs, nous exposons son état actuel et nous donnons quelques enseignements qui peuvent faire mieux apprécier et mieux utiliser ses produits, n'ayant aucune ambition de sortir de notre sphère, notre seul but est d'être utile.

Nous nous adressons à cette classe si nombreuse des gens du monde qui, étrangère presque toujours par leurs études et leurs occupations, à ce qui touche les arts industriels et ne possédant sur eux aucune notion positive, désire cependant être initiée à leurs principes, en ce qui touche du moins les produits, qui, chaque jour, frappent leurs yeux et servent aux besoins de la vie élégante. Nous avons aussi tâché d'élaguer de notre œuvre tous les détails trop arides qui tiennent simplement au métier et d'amener, sans fatigue, le lecteur aux procédés de fabrication qui peuvent l'intéresser.

PRÉFACE.

L'industrie a son passé aussi beau, aussi grand, aussi noble que celui des hommes et c'est ce passé que chacun de nous voudrait, aujourd'hui, reconstruire pour l'art auquel il s'est voué; simple industriel, nous apportons notre humble pierre à l'édifice, que de plus dignes et de plus capables élèveront. L'histoire de l'industrie est celle de la fortune et du bien-être publics; elle est aussi riche en intérêt, aussi féconde en enseignements qu'aucune partie de l'histoire générale, dont les Alexis Montheil, les Figuier, ont ouvert la voie; mais à ces esprits élevés, à ces plumes habiles, il faut des matériaux puisés chez les industriels eux-mêmes; nous voudrions que chacun de nous, recueillant les traditions, résumant ses souvenirs, racontant ses impressions, leur fournit ceux qu'il possède.

En jugeant les œuvres du passé nous avons peut-être été trop de notre époque, nos impressions d'artiste nous ont dominé et tout en rendant pleine et entière justice aux maîtres de Venise et de la Renaissance, nous n'avons pu cacher les défauts de leurs œuvres. Les glaces ne doivent pas seulement servir à déguiser la nudité d'un panneau ou être disposées au hasard sur les murs d'un salon, elles doivent refléter les objets, harmoniser le jeu de la lumière, ne nuire en rien aux tentures, faire ressortir l'ameublement; quelques conseils sur leur emménagement nous ont paru indispensables pour compléter les renseignements donnés dans ce livre.

Ce livre! mot terrible, qui fait longtemps hésiter l'industriel qui le met au bas de la première et dernière page qu'il publiera.

A TRAVERS GLACES

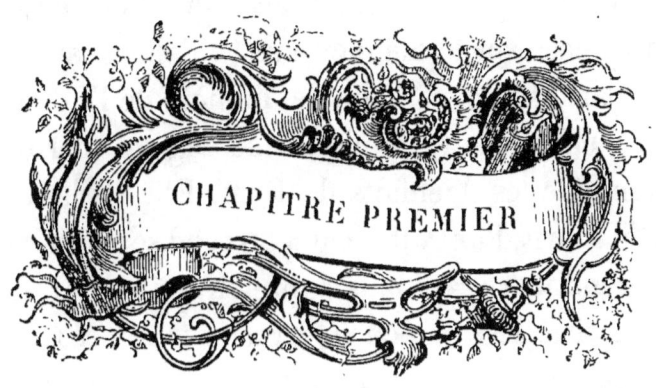

CHAPITRE PREMIER

Les miroirs: — Ce que contient une hypogée égyptienne. — Des filles d'Israël devant le tabernacle. — Hélène et les miroirs de Corinthe. — Un artiste du temps de Pompée. — Les miroirs de bronze, les miroirs d'argent, les miroirs d'or. — Les verreries d'Héliopolis, de Sidon et d'Alexandrie. — Le cabinet d'Horace et les galeries de Domitien. — Les anciens connurent les vitres et les glaces.

Le pur cristal d'une fontaine fut le premier miroir : on se rappelle cette page admirable de grâce, de fraîcheur et de poésie dans laquelle

Milton nous représente Ève au bord de la fontaine. La blonde mère du genre humain, parée de sa divine beauté et de son innocence, se penche rêveuse, elle y aperçoit l'image d'une créature ravissante; elle croit d'abord que c'est un de ces esprits bienheureux qu'elle a aperçus parfois, noyés, dans la lumière de l'Eden, qui s'en allaient, prompts messagers, porter au monde les bienfaits de Dieu. Elle l'admire et lui sourit, l'ange des eaux lui rend son sourire et prend un regard plus expressif qui la charme et l'attire. Ève se penche gracieuse et presque rougissante et la charmante vision palpitante et gracieuse s'avance vers elle, jusqu'à ce que leurs lèvres se joignent dans une innocente caresse. Si léger que fût le baiser, la surface de l'eau en fût troublée. Ève, étonnée, cherche l'image qui se perd et s'éloigne dans les ondulations de la fontaine, jusqu'à ce que le calme revienne et avec lui le sourire aux lèvres qui se cherchaient.

Les boucles ondulantes de la blonde chevelure avaient trempé dans la fontaine. Ève les relève sur son front et l'ange de la fontaine l'imite, il répète tous ses gestes, ses traits expriment et traduisent toutes les impressions qu'elle ressent au fond de son âme ; ce n'est pas un ange, ce n'est pas un être qui lui est étranger ; cette ravissante créature divine, si pleine de charme, c'est elle-même... c'est son image !

De ce jour Ève connut et aima sa beauté.

— La femme entrevit sa puissance.

Dans un dessin rempli de charmante mignardise, Vidal a traduit cette scène naïve et vraie qui depuis Ève, a dû bien souvent se répéter en face d'un miroir. La jeune haïtienne, qui se couronne de fleurs en se mirant dans le lac répète, comme la courtisane vénitienne, qui laisse tomber son dernier voile devant la glace encadrée dans l'or : Je suis belle et je dois être aimée.

Un seau plein d'eau servait, dit la tradition musulmane, de miroir à Mahomet, toutes les fois que le prophète voulait teindre ou parfumer sa barbe à la manière orientale ou bien enrouler avec élégance le schall de son turban.

Les femmes arabes, trop pauvres pour posséder sous la tente le luxe d'un miroir, imitent le prophète ; mais dès l'origine tous les peuples cherchent à se procurer des surfaces polies qui reflètent l'image avec plus de puissance et de facilité que le cristal des sources.

Les premiers miroirs dont se servit l'antiquité, furent en pierre polie ou en métal. Leur usage remonte aux temps les plus reculés. On les trouve en Égypte dès les premières dynasties.

Moïse, dit l'exode, fit fairé « un bassin d'airain, des miroirs des femmes qui veillaient à la porte du tabernacle (1) ; » mais les femmes israélites sûrent bientôt s'en procurer d'autres ; un miroir devint le plus précieux de leurs joyaux, comme il en était le plus utile. Elles attribuaient son invention à l'ange Azariel qui, d'après le prophète Enoch, leur avait dévoilé les secrets de la cosmétique ; aussi lorsque les prophètes font tonner sur Israël les colères du Seigneur, menacent-ils les filles de Jérusalem de leur enlever leurs colliers, leurs brillantes coiffures, leurs boites de parfums et leurs miroirs (2).

Le miroir était un des principaux objets de

---

(1) Exod., chap. xxxviii, v. 8.
(2) Psalm., chap. v.

toilette d'une dame égyptienne. On les fabriquait en bronze, en métal poli et plus tard avec une pierre qu'on tirait d'Ethiopie et qui fût portée à Rome, par Obsidius, qui lui donna le nom de pierre Obsidienne. Leur forme était ronde ou presque ronde, un peu plus large

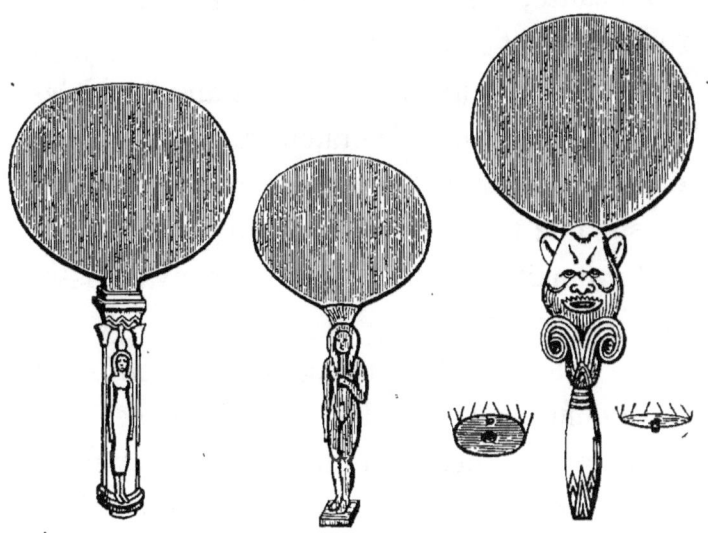

que haute. On les fixait dans un manche élégant en métal précieux, parfois en ivoire, toujours richement ouvré et représentant soit une fleur, soit une femme, soit la figure d'un dieu ou quelque emblème religieux ; souvent la figure de Typhon grimaçait au-dessous du disque. Une tête de monstre ou de singe contrastait par sa laideur avec la beauté des traits que reflétait la surface polie. Des émaux, des pierres précieuses, le lapis-lazulli que préféraient surtout les égyptiennes, ornaient ces manches ; les disques n'étaient jamais entourés d'un cadre, comme le furent plus tard les miroirs grecs et romains.

Quoiqu'on tint le plus ordinairement ces miroirs à la main, ils étaient disposés de manière à se fixer contre les parois d'une chambre ou sur une table. Le manche de quelques-uns se terminait par un pied qu'on pouvait visser et dévisser à volonté.

Un gracieux et pieux usage faisait ensevelir les femmes avec tous les ustensiles aimés, qui, pendant leur vie, servirent à leur toilette. Le coffret de terre émaillé, d'un travail précieux qui contenait ses colliers et ses bracelets, l'étroite cuvette en bois de santal où elle accomplissait ses ablutions parfumées, les vases en albâtre qui contenaient ses cosmétiques, la spatule à parfums portée sur les bras allongés d'une nageuse, étaient fixés avec la momie au fond du cercueil par une couche de natrum ;

sa tête était posée sur le disque poli du miroir, comme si l'on eût voulu fournir à l'âme de la morte le moyen de contempler le spectre de sa beauté, pendant la longue nuit du sépulcre. Aussi les hypogées ont-elles fourni à nos musées

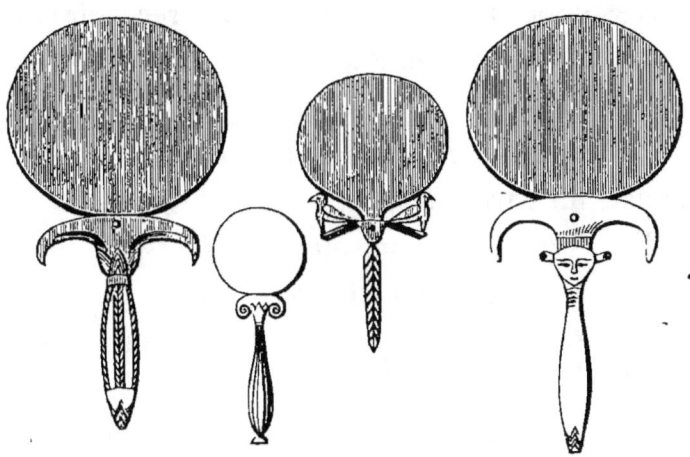

des précieux spécimens de miroirs de toutes les époques égyptiennes; quelques-uns ont une date certaine qui les fait remonter plus d'un millier d'années au-delà de Moïse et des dynasties des Pharaons.

La forme du miroir n'était pas complétement conventionnelle, elle rappelait le disque héliatrique que portait le bœuf Apis entre le croissant de ses cornes, qu'on retrouve sur la tête d'un grand nombre de divinités égyptiennes et qui fût l'emblème le plus répandu du culte de Mithra, d'Adonis ou du Soleil. De là vient l'habitude qu'avaient prise en Égypte les femmes auxquelles Moïse enleva leurs miroirs, de rester devant le tabernacle pour recevoir sur leur disque les premiers et les derniers rayons du soleil.

On retrouve dans les Indes, en Chine et au Japon un pareil usage.

De l'Égypte, les miroirs en métal poli passèrent en Grèce, puis à Rome.

Homère, qui suivant Horace dort aussi quelquefois, n'a pas parlé du miroir dans sa description de la toilette de Junon, où le poëte semble avoir voulu énumérer tous les objets qui, de son temps, servaient à parer une femme ; on a crû devoir en conclure que le miroir n'était pas encore connu en Grèce ; cependant les dames grecques possédaient, dès cette époque, la savante cosmétique qu'elles devaient transmettre aux Romains. La nymphe Ænonne avait révélé à Pâris, qui les apprit à Hélène, les secrets de la toilette de Vénus, et la blonde épouse de Ménélas fut initiée, par la reine Polymdonna, à toutes les ressources de la cosmétique égyptienne.

Or, comment une beauté, qu'elle soit mortelle ou déesse, posera-t-elle le keul qui doit allonger ses paupières, aviver son regard, et le fard onctueux qui donnera à ses joues le coloris de la grenade, sans être guidée par les conseils de son miroir. Si en recevant le fameux nepeuthès, le parfum qui repousse l'affliction, Hélène, n'eût pas obtenu de sa libérale initiatrice l'instrument le plus indispensable à la toilette d'une femme, le conseiller le plus intime de ses coquetteries, de ses mimes et de ses poses, elle eut manqué à tous ses instincts de jolie femme et menti à son histoire.

Les Grecs étaient d'ailleurs, à cette époque, très-avancés dans le travail des métaux. La merveilleuse description, que nous a fait Homère, du bouclier d'Achille, nous le prouverait assez, faute d'autres témoignages. Ces armes si brillantes qu'elles éblouissaient les combattants, devaient aussi réfléchir leurs images.

Du temps d'Hésiode déjà, les temples et les parois intérieurs ou extérieurs des maisons étaient recouverts de plaques de bronze poli, et il nous paraît bien difficile de croire que l'une d'elles reproduisant, par hasard, l'image d'une prétresse, ne lui inspirât pas l'idée d'en faire un miroir.

Corinthe, la ville des hétaïres et des bronzes renommés, fabriqua les miroirs les plus estimés ; ce fût, sans doute, pour eux qu'elle inventa son fameux bronze blanc, dont la composition semble avoir été retrouvée, à l'aide de la science, par nos fondeurs modernes. C'était un mélange de parties de cuivre rouge, d'étain et d'une très-faible portion d'arsenic, ou, pour obtenir un miroir plus parfait, un mélange de cuivre, d'argent et d'arsenic par parties égales. La surface prend alors un poli parfait et est exempte de pores et de gerçures ; elle est dure et ne s'oxide ni à l'air sec, ni à l'humidité.

La forme ronde ne fût plus exclusive ; près des miroirs ronds vinrent se placer les miroirs carrés et plus souvent de forme ovale, comme celle du visage dont elles devaient produire l'image. Le plus grand nombre, de forme ovale, se tenait dans la main à l'aide d'un manche. On en fabriquait, cependant, de dimension plus grande. Les plus grands se trouvaient dans le temple d'Esculape; c'est à ce dieu, que Cicéron, suivant la mythologie payenne, attribuait leur invention.

Le miroir de la hauteur d'une personne devant lequel Demosthène, au dire de Quintilien, étudiait les gestes qui devaient accompagner le débit de ses discours, ne devait pas être le seul de cette dimension sorti des fonderies de Corinthe. Phryné, Campaste, Aspasie, qui posèrent devant Praxitèle, Appèle et Phidias, et si habiles dans l'art de se parer, auraient crû peu payer l'artiste qui eût produit une telle merveille, en lui abandonnant la moitié de l'or que les plis plus harmonieux de leur tunique accumuleraient à leurs pieds.

Les dames grecques et romaines étaient à leur toilette à peu près dans la même position où sont les dames de notre époque. Une femme faisant sa toilette, ne perdait jamais de vue son miroir; elle lui subordonnait ses mouvements, ses mines et ses airs de tête. Claudien peignant la toilette de Vénus, dit qu'elle se trouvait assise sur son siége brillant, entourée des grâces et occupée souvent elle-même à sa coiffure, tandis qu'une nymphe accroupie soutenait le miroir dans lequel elle étudiait les contours que devait décrire au-dessus de son front sa blonde chevelure. Plus souvent la

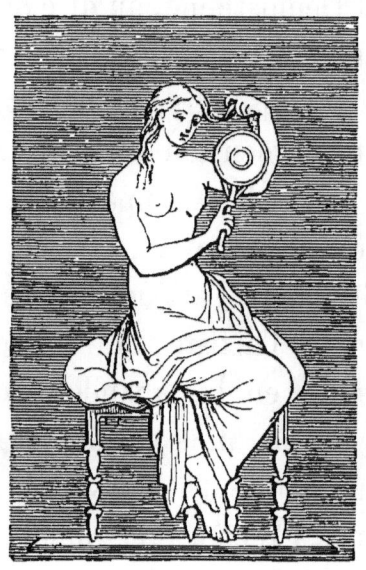

dame tenait elle-même le miroir par son manche, comme le montrent les nombreuses figures peintes sur les vases étrusques decouverts à Pompeï.

L'art du miroitier fit à Rome de rapides progrès; une simple plaque ovale de cuivre ou d'étain servit aux premières romaines, qui la posaient dans un manche de métal ou de bois sculpté grossièrement. Bientôt Brindes le disputa à Corinthe, dans l'art de fondre le bronze ; elle apprit de la ville grecque le secret de mêler dans les proportions voulues le cuivre et l'étain, et polit la première l'argent et l'or, moins cassants que cet alliage. Ce fut un artiste nommé Pratixtèle ou Praxitèle, qui inventa, sous le consulat de Pompée, les miroirs en argent. et bientôt ce métal pur fit délaisser les miroirs d'airain, d'étain, et même de fer bruni dont on s'était servi jusqu'alors. On entoura la plaque polie d'une bordure finement ciselée ; le manche devint un objet d'art, des pierres précieuses s'y incrustèrent ; ce fut, d'après le digeste, un des objets ayant le plus de valeur de la toilette d'une dame romaine et ce luxe fut poussé assez loin pour que Senèque, reproche aux simples patriciennes de posséder des miroirs dont le prix surpassait la dot que le sénat avait assignée, sur le trésor public, à la fille de C. Scipion (1).

(1) Cette dot était de 11,000 as, qui équivalait à 500 fr. de notre monnaie, somme en effet considérable pour l'époque.

Une esclave, Specillateria, était spécialement chargée de les garder, on les enfermait dans des étuis en bois d'Asser (assa fœtida), qui éloignait le ver et les maléfices et qu'on appelait Sopheïon ; on conservait à la surface métallique son poli et son brillant au moyen de poudre pierre-ponce qu'on étendait à l'aide d'une éponge ordinairement attachée à la bordure, par un cordon, au cadre du miroir.

Pendant la toilette, l'esclave accroupie devant sa maîtresse et nue jusqu'à la ceinture pour mieux offrir, en cas de négligence, ses épaules aux lanières, soulevait le miroir rond ou carré dans lequel la coquette et irascible matrone suivait attentive le travail des calamistes, des ciniflores et des ornatrices en pesant les avis des suivantes expérimentées qui discutaient avec tout le sérieux d'un sénat féminin, la forme à donner à la coiffure ou le nœud nouveau qui devait rattacher au-dessus de la cheville les bandelettes du cothurne.

Les miroirs d'argent étaient devenus si communs à Rome, que, sous les Césars, les esclaves seuls s'en servaient ; la matrone la plus modeste ou la courtisane la moins renommée trouvaient l'or seul digne de refléchir leurs traits. Une invention nouvelle arriva de Sidon, à la fin de la république, les miroirs en verre étaient trouvés ; les miroirs métalliques allaient bientôt être considérés comme de simples objets de curiosité, intéressants seulement au point de vue de l'art et de la science archéologique, et qui ne devaient plus trouver que de rares applications dans les arts et dans les instruments d'optique.

On a répété et on a voulu soutenir jusqu'à ces derniers temps, malgré les nombreux témoignages les plus explicites donnés par les auteurs latins, que le verre n'avait jamais servi à Rome à la fabrication des miroirs, aujourd'hui il n'est plus possible d'élever un doute sur ce point.

Dans l'antiquité on connut des miroirs, des glaces semblables aux nôtres, l'époque seule de leur invention reste indécise (1).

(1) On a aussi douté longtemps que les anciens eussent fait usage des vitres ; et, après que de gros volumes eurent été publiés pour prouver qu'ils n'avaient pu en garnir leurs fenêtres, Winkelman découvrit à Pompéïa plusieurs châssis vitrés, ce qui trancha nettement la question (Winkel., t. I, p. 269 ; *Gellart de Pompeï*, 3e partie.

Parmi les découvertes que nous devons aux anciens, il en est peu de plus utile pour les commodités et les agréments de la vie, que celle du verre. Pline, fait remonter sa découverte à 1000 ans environ avant l'ère chrétienne et l'attribue au hasard. Il raconte que des marchands phéniciens s'étant arrêtés sur les bords du fleuve Belus, pour faire cuire leur viande, se servirent de mottes de terre mêlée de sable et de natrum, pour soutenir leur trépied et que ce nitre mêlé au sable se fondit à la chaleur du feu et forma une liqueur claire et transparente qui, s'étant figée, donna la première idée de la façon du verre. Cette histoire ingénieusement racontée s'est transmise de siècle en siècle et elle se trouve à peu près à la fondation de toutes les verreries.

Dans le mémoire présenté au roi, pour obtenir des patentes qui lui assurâssent l'exploitation des verreries de Cramaux, la famille de Solages, raconte que ses bergers ont découvert

p. 7). En attendant qu'une semblable découverte tranche la question, quant aux glaces, nous renverrons le lecteur, qui ne trouverait pas suffisantes les preuves que nous citons, à la page 57, t. II, du *Cabinet de l'Amateur et de l'Antiquaire*.

la propriété vitrifiante des mines en faisant rôtir des marrons dans une chataigneraie.

Le sable mêlé de nitre abonde sur les rivages de la mer de Judée et surtout aux bords du fleuve Belus où s'approvisionnaient les verreries si célèbres de Sidon dans l'antiquité et auxquelles nous devons l'invention des glaces. Joseph raconte (livre II, chap. IX) des choses merveilleuses du fleuve Belus. « Il dit qu'il se
« trouve dans le voisinage de cette rivière une
« espèce de vallée de figure ronde d'où l'on tire
« le sable qui est inépuisable pour faire le verre
« et que si l'on met du métal en cet endroit le
« métal se change à l'instant en verre. » Tacite en parle avec moins d'exagération. « Le Belus
« se jette dans la mer de Judée, l'on se sert du
« sable qui se trouve à son embouchure pour
« faire du verre parce qu'il est mêlé de nitre.
« L'endroit où il se trouve, quoique petit, en
« fournit toujours. » (Liv. v). (1).

(1) Ces espaces inépuisables de sable mêlé de natrum (carbonate de soude) sont assez répandus dans la Syrie, ils y forment au pied du Liban le désert de Syrie, non moins dangereux lorsque souffle le simoun ou kimsin, que les déserts d'Afrique et d'Arabie, où les squelettes d'hommes et de

La pureté de ce sable, — chose si importante dans la composition du verre, — et l'habileté des verriers Phéniciens valurent, aux verreries de Sidon, leur renommée, mais le verre était connu longtemps avant qu'elles fussent formées.

Lorsque la science archéologique n'avait pas encore appris à retrouver dans l'étude des monuments enfouis sous les ruines et les sables accumulés par des siècles l'histoire des âges passés, la Bible était le livre de toutes les origines. Un seul passage fort douteux du livre de Job semblait mentionner le verre. « On ne lui égalera jamais la sagesse, ni l'or, ni le *cristal*, et on ne le donnera pas en échange des vases d'or (1). » Le mot que nous traduisons avec de Sacy, par cristal, peut signifier aussi diamant ou verre, et de longs commentateurs se sont appuyés sur ce doute pour discuter si les Juifs connurent ou non le verre.

---

chameaux, blanchis par le temps, marquent le chemin des caravanes. Les naturels du pays, pour s'expliquer ces sables inépuisables, prétendent qu'ils sont alimentés par des sources souterraines.

(1) Chap. xxxviii, v. 8.

Ce qu'il y a de certain, c'est que les verreries de Diospolis, capitale de la Thébaïde, remontent plus haut que Moïse. De nombreuses fioles en verre ont été découvertes à côté des momies

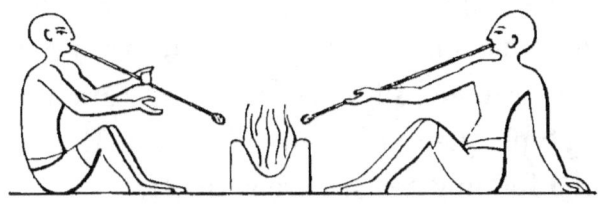

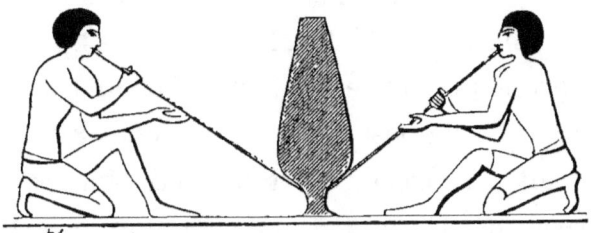

des rois des dynasties qui vivaient longtemps avant le législateur de la nation juive.

Des sculptures remontant aux dynasties Osiriennes, qui régnaient 4000 ans avant le Christ, représentent des bouteilles transparentes, servant de vases offertoirs dans les fêtes sacrées ou contenant du vin dans de simples festins.

Les nombreuses peintures de Thèbes et de Beni Hassan qui représentent des ouvriers verriers puisant, dans les fours, la matière vitrifiée, et la soufflant au bout de leurs longs tubes ont été faites longtemps avant l'arrivée des Perses en Egypte, et, s'il était besoin de fournir un témoignage plus positif pour détruire l'assertion de Pline, on le trouverait sur un vase sphéroïde dans lequel se trouve moulé en caractères hiéroglyphiques le nom d'Amun-in-Het qui vivait 1450 ans avant l'ère actuelle.

Les Egyptiens savaient colorer le verre de différentes couleurs, ils imitaient avec une rare perfection les améthistes, les émeraudes, toutes les pierres précieuses. Ce fut Alexandrie qui inventa les coupes et les gobelets. Elle les exportait en Grèce, en Italie, dans toutes les contrées de l'Europe ; le prix en était exhorbitant. Le vase de Portland avec ses deux couches de verre mariées ensemble, ses figures blanches ciselées en relief sur un fond bleu en imitation d'un camée en onyx, qui sortait des verreries d'Alexandrie ou de Sidon, suffirait seul pour montrer avec quel art admirable les anciens travaillaient le verre. La coupe conservée au Musée de Strasbourg, les fragments que possède le cabinet des antiques de Paris, le vase décrit dans les amours de Clitophon et de Leusippe (liv. III), confirment l'opinion de MM. Caylus et Laborde (mémoire à l'Académie des inscrip. t. XXXIII. p. 366, et *Union des Arts et de l'Ind.*, t. XI p. 47) sur les merveilles que les anciens ont faites avec le verre et que notre industrie n'a pu reproduire encore. Lorsqu'il y a une quinzaine d'années, l'on se mit à fabriquer des vases doubles, dont l'un, colorié et découpé, était soudé dans l'autre blanc et uni, on ne fit que retrouver le procédé antique employé pour le vase de Portland et la coupe de Strasbourg (1). Ce fut sans doute en Egypte que les Phéniciens apprirent l'art de fondre, de souffler, de colorier et de ciseler le verre; de Sidon, l'art du verrier se répandit dans toute l'Europe.

Dans sa comédie des nuées, Aristophane indique un moyen ingénieux de payer ses dettes, c'est de mettre entre le billet et le soleil une belle pierre transparente qu'il appelle Valos, et qu'on vendait chez les droguistes (act. XI sc. V). Certains ont voulu trouver là une preuve que

---

(1) Ce charmant spécimen de la verrerie antique a été malheureusement cassé il y a quelques années.

le verre était connu à Athènes dès cette époque, mais le mot Valos signifie aussi cristal ou ambre jaune. Le témoignage le plus ancien qu'on peut recueillir dans les auteurs grecs, à propos du verre, est celui d'Aristote, qui demande pourquoi le verre est diaphane et cassant.

Ce ne fut guère que sous Tibère qu'on commença de fondre du verre à Rome, et longtemps encore la ville souveraine continua de tirer de Sidon et d'Alexandrie, comme tribut, ses coupes les plus précieuses. C'était de ces manufactures que lui arrivaient ces vases festonnés de figures et d'inscriptions, dont le procédé expliqué par Dazincourt semblerait appartenir à l'industrie moderne. « Sur une feuille d'or, appliquée au
« fond d'une coupe, on traçait des lettres ou
« on dessinait des figures au moyen d'une
« pointe très-fine, puis afin de mieux conserver
« le travail, on appliquait par dessus un cou-
« vercle de verre, de manière que, soudés au
« feu l'un sur l'autre, ces deux verres laissaient
« voir les figures et les inscriptions. »

La plupart des vases qu'on nomme Chrétiens, parce qu'on les trouve dans les catacombes et qu'ils datent des premiers temps de l'église, représentent des sujets pieux peints de cette manière (1).

La découverte des miroirs en verre dut suivre de bien près celle de ce procédé ; la feuille d'or ou d'argent dans laquelle on découpait les dessins reflèta l'image du premier ouvrier qui la posa derrière la plaque de verre; le plus parfait, le meilleur marché de tous les miroirs fut alors inventé.

On ne sait à quelle époque Sidon fabriqua les premiers; mais, à défaut de témoignages, les probabilités historiques prouvent que ce fut longtemps avant la destruction de la République romaine.

Archimède découvrit la puissance incendiaire des rayons solaires concentrés au foyer des réflecteurs concaves et brûla en pleine mer la flotte de Marcellus à l'aide des miroirs ardents

---

(1) Si nous voulions multiplier les preuves déjà trop nombreuses de l'habileté des anciens dans ce que nous appelons aujourd'hui *gobelotterie*, nous pourrions citer ces vases dits de Tantale, que l'on croirait dûs à un Robert-Houdin moderne, et qui étaient à peine remplis que tout le liquide s'enfuyait par un siphon dissimulé au milieu. Un de ces vases a été trouvé dans les ruines de l'ancien Évreux, en 835.

qu'il inventa 212 ans avant J.-C. (1). Ces puissants appareils pouvaient être construits avec des plaques de métal poli, mais nous serions tentés de croire avec MM. Babinet et Louis Figuier que la merveilleuse sphère ou globe céleste en verre, inventée par le célèbre mathématicien, à propos de laquelle Claudien a écrit sa charmante épigramme :

Jupiter parvo cum cerneret œthera vitro,
Risit, etc.,

était tout simplement un miroir sphérique semblable à ceux qu'on fabrique depuis quelques années, et dans lequel on pouvait suivre le mouvement des astres qui venaient y réfléchir leur image. Les môles d'Alexandrie possédaient des miroirs où se reproduisaient,

---

(1) Buffon voulut vérifier la possibilité de ce fait : il fit construire un miroir ardent d'après la description donnée par le poëte grec Tritez, de celui d'Archimède, avec un réflecteur concave formé de 160 petits miroirs mobiles : il parvint à brûler du bois à 800 pieds de distance, fondit de l'étain à 140 ou 150. Les expériences faites depuis ont prouvé que les métaux les plus durs ne pouvaient résister à la chaleur des rayons du soleil concentrés au foyer d'un miroir assez puissant. Cette propriété des miroirs a fait naître la science caloptrique.

on ne sait par quelle combinaison d'optique, l'image des vaisseaux qui naviguaient au loin en pleine mer, et que l'œil ne pouvait distinguer que plusieurs heures après que les sentinelles chargées d'interroger les miroirs avaient annoncé leur arrivée. Le verre ou le cristal pouvait seul, d'après l'opinion des savants, fournir la matière convenable à des appareils d'une telle puissance.

Mais ce sont là de simples conjectures, les témoignages plus certains abondent.

Sous Auguste, on commença d'en orner les murs des appartements ; Horace possédait une chambre entièrement revêtue de glaces, et plus tard, ce luxe, que peu de poëtes de nos jours pourraient imiter, se multiplia. Ces miroirs étaient garnis par derrière de plomb et d'étain, (Pline, h. n. xxxvi, 66. *Beckman, history of inventions*, vol. XI, p. p. 69, 76.) et employés de la même manière que nos trumeaux, ils étaient aussi hauts qu'un homme, (Seneq., q. n. 1-17) tantôt fixés d'une manière permanente au mur, (Ulpien, digeste 34, 2, 12, 8) tantôt de manière à pouvoir être levés et baissés comme des châssis de fenêtre. (Vitruve xi, 8, 2). Sidon, avait inventé l'art d'imiter le verre noir des volcans ou jayet qu'on nommait à Rome pierre obsidienne et d'en fabriquer des miroirs. On en incrustait les murs de certaines chambres, afin, dit Pline, de surprendre ceux qui s'y miraient et qui étaient tout étonnés de n'y voir qu'une ombre.

Le plus souvent les miroirs incrustés dans les murs des appartements alternaient avec des abaques, plaques carrées en marbre, en poterie ou en stuc ; ils étaient alors ronds, ce qui faisait une alternative de figures rondes et de figures carrées ou ovales, (Pline xxx, 111, 56, Vitruve, iv, 2) et ce luxe se répandit tellement que Senèque s'écrie, dans sa quatre-vingt-sixième lettre : « celui-là, s'estime bien pauvre dont la chambre n'est pas tapissée de plaques de verres. »

Outre le verre, les anciens employèrent pour leurs miroirs et leurs vitres une pierre blanche transparente qui se coupait en feuilles et qui ne résistait pas au feu, on l'appelait la pierre scapulaire ; et une autre substance qu'on tirait du Cappadoce et qu'on nommait phenigite, parce que, comme certaines pierres précieuses et les matières phosphorescentes, elle semblait répandre de la lumière, au point, dit Pline,— en parlant du Temple de la Fortune que Néron avait fait bâtir dans sa ville d'or avec des blocs de phenigite, — que le jour semblait plutôt enfermé qu'introduit dans le Temple.

Domitien, livré aux sombres méfiances qui dévoraient les Césars romains, si énergiquement peints par Suetone, avait fait entièrement revêtir de lames de phenigite les murs de ses portiques, pour apercevoir, lorsqu'il se promenait, tout ce qui se passait autour de lui.

Dans la vieille église de San Minato, près Florence, se trouvent des fenêtres closes avec des dalles d'albâtre transparent semblable à ce *lapis specularia* des anciens avec lequel on posait aux litières des vitres semblables à celles de nos voitures et qui permettait aux apiculteurs romains de suivre dans les ruches le travail des abeilles.

C'est l'emploi de la pierre spéculaire et le mot spécularia employé indifféremment pour désigner les vitres et les miroirs en verre et en pierre spéculaire ou phonogénite qui ont causé le doute que nous avons combattu.

Du reste les romains ne se bornaient pas à orner de miroirs leurs appartements.

On en incrustait les plats et les bassins, dans lesquels on servait les mets sur la table, d'où on les appelait *specillatæ patinæ*, et on en mettait sur les tasses, sur les gobelets qui multipliaient ainsi l'image des convives (*Populus Imaginum*) et parfois les plafonds tournants des salles de festin ne présentaient qu'un vaste échiquier composé de miroirs taillés et placés de manière à reproduire à l'infini les détails du banquet. Les décorations givrées de poudre de verre blanc, dont à la renaissance on faisait même des surtouts de table, au risque de voir cette neige de verre se détacher et s'envoler au moindre souffle dans tous les plats, dataient de Rome. Les modernes ont encore grandement à apprendre des anciens pour l'emploi du verre dans l'ornementation intérieure des appartements et dans la construction des édifices.

Les plus admirables mosaïques qui recouvraient le sol des maisons romaines étaient faites en cubes de verre de différentes couleurs ; parfois on formait le pavé d'une masse compacte de la dimension de l'appartement.

Les colonnes de verre décoraient les édifices à Tyr, on en voyait une dans le temple d'Hercule, coloriée dans la masse, et d'une si belle nuance qu'on la disait faite d'une émeraude (Théophraste, *Traité des pierres*.)

Saint-Pierre, au dire de Clément d'Alexandrie, admira plus les colonnes du temple d'Aradus, toutes en verre et fondues d'un seul jet, que les statues, chefs-d'œuvre de Phidias, qui ornaient le sanctuaire. Mais l'ornementation de ce genre, qui émerveilla le plus l'antiquité, se trouvait dans le théâtre que fit bâtir Scaurus, pendant son édilité ; la scène était composée de trois rangs de colonnes de trois ordres différents, les premières étaient en marbre, les secondes d'une grande hardiesse, fondues d'un seul jet, étaient en verre, le troi- rang en bois doré.

L'art du verrier et du miroitier avait, on le voit, atteint un rare degré de perfection sous les Césars. Mais déjà le glas du vieux monde était sonné, la horde barbare fuyant ses neiges fondait comme une avalanche sur le monde civilisé, broyant tout sur son passage et ne laissant que des ruines dans la poussière desquelles l'érudition moderne doit péniblement chercher les vestiges de l'industrie et de l'art antiques (1).

(1) Peut-être nous serons-nous déjà occupé un peu trop, pour les limites que nous trace notre cadre, de la verrerie dans l'antiquité : elle tient de si près à l'art qui nous occupe plus spécialement, qu'on nous pardonnera les détails que nous avons donnés. Il est, d'ailleurs, si intéressant de remonter aux origines et de retrouver comme fort vieilles les choses qu'on veut nous donner comme des inventions nouvelles.

Des verriers ont sollicité pour paver Paris en cubes vitrifiés : un pareil système de pavage fut, on l'a vu, fort employé à Rome. On admire le Palais de Cristal comme une des merveilles de notre époque, et on prévoit le jour où le verre remplacera dans nos maisons la pierre et le plâtre. L'antiquité eût ses maisons de verre.

Nous avons parlé du Temple de la Fortune. On peut consulter à ce sujet le livre de M. Gobard (1er liv., p. 174) : *Des Inventions nouvelles ou les Mémoires de John William*, publié en 1778, sur les manoirs en verre qu'on trouve dans les Higlands; et le *Magasin pittoresque* (1845, p. 11), sur celles qui se trouvent à Sainte-Suzanne, près Laval, et sur le pavillon en cristal bâti à Siam au fond d'un bassin, dont l'eau, quand on le remplissait, montait autour des murailles de verre et les environnait de sa fraîcheur (1839, p. 248). N'est-ce pas là réaliser un de ces rêves qu'on ne fait qu'au pays des fées ?

Un coin de l'Italie perdu dans les lagunes de l'Adriatique, Venise, qui devait donner à la renaissance ses fêtes, ses tableaux, ses joyaux les plus splendides avait conservée le feu sacré.

C'est là où nous retrouverons l'art du miroitier et que la France le prendra pour en faire une des plus grandes industries modernes.

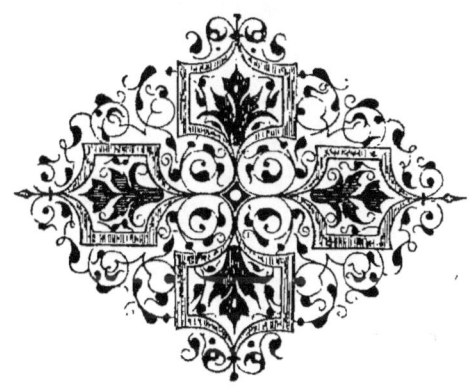

CHAPITRE II

Venise et les verreries arabes. — Les glaces du Murano et les verres de Bohême. — Comme quoi en France on a toujours la maladie d'attribuer aux modes et aux inventions une origine étrangère. — Les 3,000 gentilshommes verriers et les corporations de miroitiers. — Le nécessaire de toilette de Louis XI et le *miroiier* du duc d'Orléans. — Abraham Thévard n'a pas inventé le coulage des glaces. — Les priviléges de Colbert.

Lorsqu'Attila se rua sur l'Italie, gorgeant ses 500,000 barbares des richesses que n'avaient pu emporter les Goths et les Vandales, qui avaient devancés ses hordes à la curée de l'Empire Romain, une population industrieuse, les Venètes, fuyant devant son passage, fut chercher un refuge dans le coin le plus perdu de la mer Adriatique et s'établit au Rialto-Venise, sembla dormir pendant près de trois siècles, presqu'ignorée dans ses lagunes; puis elle parût un jour souveraine dans les arts, maîtresse de l'industrie, du commerce du monde et boulevart de la chrétienté.

Ses flottes détruisirent les pirates Grecs, et elle reçut du pape Alexandre III, en récompense des services rendus contre Barberousse, l'anneau symbolique avec lequel le doge, partant des colonnes de la Piazetta, allait tous les ans épouser la mer, qui, caressante et soumise, portait le Bucentaure.

Ruche industrieuse, elle accumulait dans les palais qui peuplaient ses soixante îlots rattachés au Rialto par d'innombrables ponts, les richesses que ses flottes nombreuses, puissantes, aguerries, lui apportaient de toutes les parties du monde.

Maîtresse de Chypre, de Candie, d'une partie du Péloponèse, ayant acquis la liberté de commercer dans les ports de Syrie et d'Égypte, elle s'appropria le négoce des Indes et de l'Asie entière et trafiqua jusqu'en Chine où Marco Polo, un de ses hardis aventuriers vécut pendant plus de vingt ans dans le XIII siècle.

Mais de toutes ces possessions et de toutes ces richesses, son joyau le plus précieux était l'îlot de Murano. Elle le gardait, jalouse, comme la pierre la plus chère de son écrin ; le regard même de l'étranger ne pouvait y pénétrer ; c'était là qu'étaient établies ses verreries, là des artistes habiles fondaient ces coupes, taillaient ces cristaux, coloraient ces verroteries, polissaient ces miroirs que seule elle savait fabriquer et qui lui assuraient le commerce du monde. En laissant pénétrer les secrets de ses verreries ; Venise sembla perdre le secret de sa force, les secours de Louis XIV lui assurant Candie et ses possessions maritimes n'auraient pas compensé le dernier coup que portait Colbert à sa fortune en lui enlevant l'industrie des glaces.

On a prétendu que l'art du verrier fut porté à Venise pendant les croisades, que ses marchands l'avaient alors appris dans les anciennes verreries de la Phénicie. C'est une erreur.

L'art du verrier se trouve à Venise dès sa fondation; s'il n'y fût pas pratiqué par les premiers

Venètes établis au Rialto, leurs descendants ne tardèrent pas à le connaître, soit en trafiquant avec la Syrie, soit dans leurs relations constantes avec Constantinople, où s'étaient alors réfugiés les arts et les restes des splendeurs de l'Empire romain.

La peinture sur verre avait fait en Orient, à cette époque, des progrès immenses ; la basilique de Sainte-Sophie, dont la reconstruction fut achevée vers 627, fut un des premiers monuments religieux où l'on ait employé le verre coloré à l'ornementation des fenêtres. Les verrières qui tamisaient une lumière mystérieuse dans nos anciennes basiliques, furent l'œuvre d'artistes qui avaient puisé leurs inspirations et leur savoir dans l'étude de l'art bysantin. Puis, avec les siècles, le secret de la peinture sur verre se perdit ; les essais nombreux tentés pour le retrouver ont donné les résultats les plus remarquables, mais si la science et l'industrie offrent aujourd'hui à l'artiste des produits perfectionnés et des ressources bien plus grandes, s'il peut incorporer le dessin et les couleurs dans le verre, nuancer ses teintes et réunir les sujets sur une seule plaque de grande dimension, les procédés des anciens peintres sur verre comme ceux des émailleurs de Venise et de Limoges restent ignorés.

Ce fut à Venise que se réfugièrent les verriers Bysantins, lorsqu'en 1204 les croisés s'emparèrent de Constantinople et y établirent Beaudoin pour Empereur ; ce fait a sans doute induit en erreur les historiens qui ont prétendu que les Vénitiens avaient apporté de Syrie l'art du verrier pendant les croisades. Le gouvernement de la république accueillit ces réfugiés avec la plus grande faveur, les déclara citoyens de Venise et leur accorda pleine jouissance de tous les priviléges des anciennes familles verrières.

Ces priviléges étaient fort considérables, les enfants des verriers restés orphelins étaient, dit Carlo Marino, considérés comme pupiles du gouvernement de la république. Les verriers qualifiés artistes étaient nobles par état, et le nom d'un grand nombre d'entre eux se trouve inscrit dans *le livre d'or* à côté des noms les plus illustres et les plus anciens de la noblesse Vénitienne.

Lorsque les rois de France conservèrent aux nobles qui se livraient à l'industrie verrière leurs titres et leur qualité de gentilshommes et qu'ils déclarèrent que la possession des verreries anoblissait les enfants, comme les charges du royaume, après trois générations, ils ne firent que suivre l'exemple de Venise. Ils avaient une juridiction qui leur était propre et n'étaient justiciables que d'elle et du conseil suprême dans lequel figurait toujours plusieurs de leurs membres.

En retour de ces priviléges, la république, jalouse de sa fortune et de sa puissance, s'était entourée des précautions les plus grandes ; elle les enferma dans les obligations les plus strictes pour qu'ils ne pûssent jamais livrer à l'étranger aucun des secrets de leur art. En 1291 le gouvernement leur concédait un quartier spécial, le Murano, avec obligation expresse d'y demeurer. Il leur était défendu de s'allier en dehors de leur corporation si ce n'est avec des nobles Vénitiens, et avec l'autorisation du gouvernement ; ils ne devaient pas entretenir de relations avec les étrangers, ne les recevoir jamais dans leur intérieur ou dans leurs ateliers. Celui qui divulguait un procédé de fabrication, qui faisait connaître à un étranger une des matières employées était puni de mort. Or, on sait avec quelle habileté vigilante l'œil invisible du Conseil des Dix poursuivait toute infraction aux réglements imposés par la république souveraine. Nul verrier n'eût osé quitter Venise où tous les siens restaient comme gage aux mains d'un gouvernement impitoyable ; le poignard du Bravo lui eût bientôt payé à lui-même le prix de ses serments violés.

Grâce à ces précautions, Venise resta pendant plus de trois cents ans maîtresse de ses secrets et de son art. Le commerce de verroteries, de cristaux taillés, de coupes, de gobelets peints ornés de riches incrustations, de pierres imitées, qu'elle fit avec tous les pays de l'Europe, avec l'Asie et l'Afrique fût immense. Ses peintres, ses maîtres mosaïstes, ses émailleurs aidaient et complétaient l'art du verrier dont le secret se transmettait de père en fils, de génération à génération sans que l'initié violât jamais le serment de silence qu'il avait prêté.

Ces miroirs se payaient plus que leur poids

d'or et cependant ils étaient petits et l'œil connaisseur qui regarde aujourd'hui les glaces de Venise les plus remarquables et les plus belles, les trouve défectueuses, pleines de bulles, de stries et d'imperfections.

Les miroitiers du Murano, fort habiles et très-bien inspirés, combinaient ensemble les plus petits morceaux, en formaient un tout souvent gracieux dans son assemblage et toujours très-riche dans son encadrement.

Ils avaient trouvé dans le biseau et dans la gravure des ressources, sinon pour grandir, au moins pour faire ressortir la grandeur du morceau principal, et nos pères ont, pendant deux cents ans, payé grassement une main-d'œuvre patiente, ingénieuse autant qu'ingrate.

Que l'on compare les plus magnifiques spécimens qui soient sortis des verreries Vénitiennes aux glaces ordinaires que coulent aujourd'hui les fabriques françaises, et l'on verra quels progrès immenses a fait l'industrie verrière; qu'on mette à côté des encadrements anciens quelques uns de ces chefs-d'œuvre modernes que savent créer les miroitiers de Paris, et l'on sera forcé d'avouer que, sauf le mérite historique et le sentiment de l'art tout à fait indépendants des procédés au moyen desquels il peut se produire, les anciennes glaces de Venise n'ont plus qu'une valeur purement conventionnelle.

Nous ne voudrions pas anticiper sur l'étude que nous devons faire des glaces au point de vue de l'art et de l'ameublement et nous avons hâte de parcourir ce rapide et incomplet aperçu du développement qu'a pris l'industrie verrière depuis l'antiquité jusqu'à nos jours, mais nous ne saurions avancer cette opinion qui pourra peut-être passer pour ambitieuse, sans citer, pour l'appuyer, un des plus beaux monuments de l'art Vénitien : C'est le grand miroir placé sur la cheminée de la salle qui précède la chapelle du musée de Cluny.

Il fut donné par le doge à Henri III lors de ces fêtes que lui offrit Venise à son retour de Pologne. La glace, d'un seul morceau, est une des plus grandes qu'ait pu produire le soufflage, mais elle était pleine de bulles et de stries. Une bordure en verre de couleur et en verre blanc taillé en biseau l'entoure, elle est richement ornée de fleurs de lys entremélées de palmes, le tout en verre finement découpé et taillé. Deux clous en fer à tête de vis fixent chaque fleur de lys et chaque palme dans le

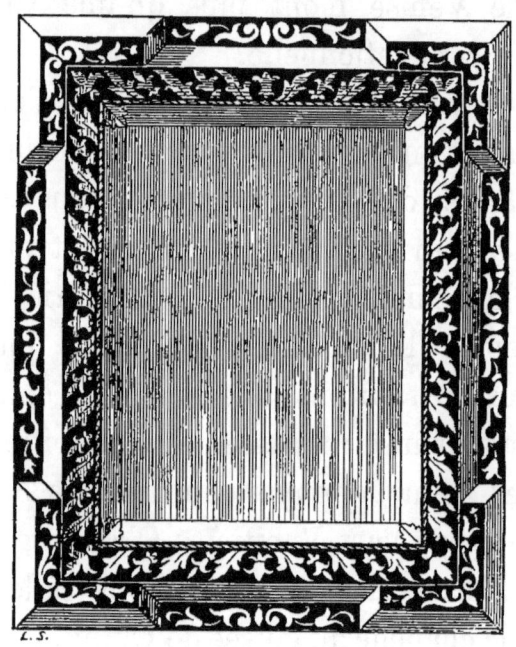

verre coloré de la bordure. Il y a certainement dans ce miroir une grande entente de l'ornementation, et l'artiste qui l'a créé a su tirer parti, avec beaucoup d'art, de toutes les ressources que lui offrait son industrie; mais nous ne conseillons à aucun miroitier moderne, notre confrère, de l'imiter d'une manière trop scrupuleuse; chef-d'œuvre pour son époque, ce miroir ne serait qu'un produit grossier et de mauvais goût pour la nôtre.

Certes, nous ne voulons pas amoindrir le mérite des artistes Vénitiens, ils resteront nos maîtres et nous avons beaucoup d'efforts à faire pour les atteindre dans certaines branches de l'art. Leurs grandes coupes à filets à anses portées sur pied à gaudrons et bordures décorées d'ornements en relief, de dessins et de peintures restent encore comme d'inimitables modèles, mais à côté du sentiment artistique, l'industrie verrière, celle des glaces surtout, a fait d'immenses progrès et impose à l'art du miroitier des conditions différentes.

Les industries qui se groupent autour de lui ont progressé à leur tour, elles lui offrent des ressources que nos devanciers ne possédaient pas, c'est à lui à se les approprier et à en faire un ingénieux emploi.

L'art du miroitier proprement dit et l'art du verrier ont été, du reste, bien distincts à toutes les époques. La composition du verre appartient entière au dernier et parfois le polissage de la glace, mais presque toujours le miroitier s'empare de la plaque ainsi formée et lui donne la forme, la taille, la bordure, l'ornementation qui lui conviennent.

Venise expédiait souvent ses glaces aux miroitiers de France et d'Italie qui les ornaient suivant le génie de leur pays. Florence les

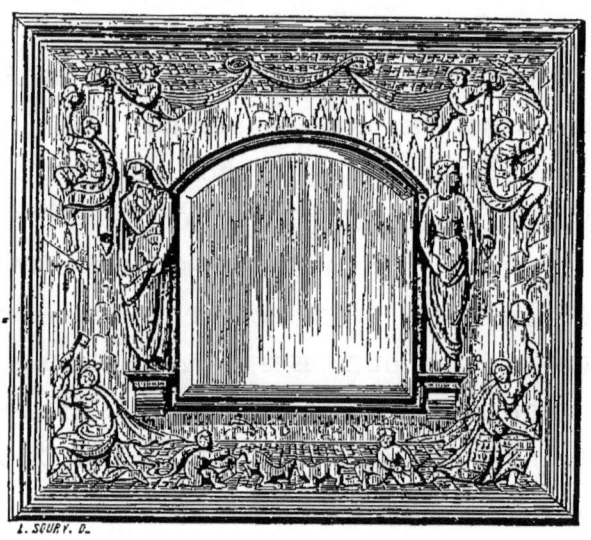

entourait parfois de bordures en fer damasquiné, tel est le miroir connu sous le nom de François Ier.

Une large bordure en fer entoure la glace vénitienne, deux figures principales en fer doré et ciselé représentant des guerriers revêtus d'armes damasquinées l'accompagnent ; le reste de l'encadrement se compose de figures repoussées au marteau, couvertes d'or, sur un fond de paysage encadré dans un portique d'une riche architecture et d'un travail analogue.

La glace, fort épaisse et taillée en biseaux, fait saillie au milieu, elle est de forme carrée, le miroir entier a 0^m,72 de longueur sur 0^m,62 de largeur. C'est un des plus magnifiques monuments qui puissent servir à l'histoire de l'art du miroitier.

Au seizième siècle les verreries de Venise ont atteint l'apogée de leur gloire, leur réputation ne s'amoindrira pas encore, mais leur fortune va décroître; des verreries rivales se créent déjà en Allemagne, en France, puis en Angleterre, et la concurrence, stimulant l'esprit du progrès, aura bientôt abandonné comme arriérés et improductifs les procédés qu'elles cachaient avec des soins si jaloux.

La découverte du Cap de Bonne-Espérance, celle de l'Amérique, la destruction des flottes Vénitiennes par les Turcs, en 1453 avaient abattu la puissance commerciale, sinon l'orgueil de la despotique république.

Les secrets de son industrie furent moins bien gardés, la Bohême s'en empara d'abord, ils y furent sans doute apportés, comme plus tard en France, par quelques transfuges qui avaient su déjouer la surveillance des sbires vénitiens.

L'étendue des forêts d'Allemagne, la facilité de se procurer les bases alcalines par la combustion du bois, la pureté des silex et le bon marché de la main-d'œuvre étaient les conditions de prospérité réunies que cette industrie nouvelle trouvait en Bohême. Elle devait rapidement s'y développer ; c'était pour les grands propriétaires un moyen très-fructueux d'utiliser des richesses jusqu'alors perdues, et pour les populations laborieuses une source de bienêtre. Les capitaux et les bras arrivèrent vite à cet art nouveau, — bientôt ces verreries rivalisèrent avec celles de Venise, de blancheur, de vivacité, de couleur, d'élégance et de légèreté de formes. Les imitations de pierres précieuses ne furent pas moins parfaites. Fondu au bois résineux qui brûle complétement avec excès d'air, sans jamais donner de fumée charbonneuse, dans des pots ouverts, la beauté du verre de Bohême est telle que les anciens auteurs l'ont confondu avec le cristal. Il est surtout remarquable par sa légèreté et l'absence complète de coloration ; il peut être façonné comme le cristal en tables épaisses sans que sa couleur devienne sensible. Il a toujours été employé pour les vitres de prix, pour garnir les portières des carrosses, et, en général, pour tous les usages qui rendent indispensable une épaisseur de 4 à 6 millimètres, sans coloration.

Les miroirs de Nuremberg devinrent plus populaires que ceux de Venise et jusqu'à ces derniers temps ils fournirent les marchés de l'Europe et de la France où leur prix modique les fait rivaliser avec ceux incomparablement plus parfaits que produisent les verreries de Monthermé.

Mais la France, à son tour, allait entrer dans la lice, et là comme dans toutes les industries où le progrès arrive excité par le souffle de l'art, du bon goût, de l'appropriation aux usages de la vie, elle devait rester victorieuse.

L'art du verrier avait été apporté par les Romains dans les Gaules, peut-être même les anciens Gaulois connûrent-ils cette industrie; les verroteries et les vitraux peints que nous a laissé le moyen âge dénotent des procédés et un art fort avancés, mais courbé comme toutes les industries de l'époque sous le joug des habitudes féodales. Dès le principe, les rois le prennent sous leur protection; le travail du verre, comme celui de la terre, loin d'être pour le gentilhomme une dérogeance, semble l'anoblir, et bien avant que Louis XI rendît son ordonnance sur les gentilshommes verriers, on trouve dans les montres de la noblesse des gentilshommes qui se glorifient de cette qualification. Ils faisaient partie de cette noblesse de province, véritable élite de la nation, vivant indépendante loin de la cour, laborieuse, instruite et toujours prête au service du pays, soit dans les armes, soit dans les charges; Olivier de Serres lui appartient, et plus d'un grand nom lui doit son origine chevaleresque.

Des priviléges considérables furent accordés aux gentilshommes verriers, et au-dessous de cette noblesse, souvent pauvre, mais toujours digne et utile, vinrent se grouper, sous la protection royale, les corporations de toutes les industries qui s'occupaient principalement du travail du verre.

La plus ancienne, celle qui nous intéresse et nous occupera plus particulièrement, est celle des miroitiers, qui reçut ses premiers statuts de Louis XI, et dans laquelle vinrent se fondre d'autres branches qui lui firent plus tard donner le titre de communauté des miroitiers, lunetiers, bimbelotiers, doreurs, gaîniers et enjoliveurs de la ville, faubourgs et vicomtés de Paris.

Les statuts des vitriers peintres sur verre furent accordés par le roi Louis XI, en sa ville de Chartres, le 24 juin 1467; ils furent renouvelés en 1666.

La communauté des marchands verriers, fayenciers, couvreurs de flacons, fut instituée par Charles IX, et leurs priviléges furent renouvelés et considérablement augmentés en 1659 et 1706. Le préambule des lettres royales qui leur octroie leurs statuts est fort remarquable et trop honorable pour que nous résistions au désir de les mentionner : « Comme « l'industrie de leur art, disent les lettres de

« 1659, a heureusement imité la science, et
« que par leur secours commun ils ont mé-
» rité l'admiration des nations les plus éloi-
« gnées » ; et les patentes de 1706 ajoutent :
« La suite des temps a heureusement fait
« connaître que les marchands verriers, cou-
« vreurs de flacons et autres espèces de mar-
« chandises, ont été soigneux de conserver
« en leur négoce les véritables marques d'un
« honneur incorruptible, et que la fidélité a
« secondé leurs premières résolutions, de sorte
« que, comme l'un les a rendus recommanda-
« bles, l'autre leur a fait mériter les applau-
« dissements des peuples. »

Ces expressions, délibérées en Conseil d'État, peuvent aujourd'hui nous paraître enflées et exagérées, mais elles prouvent en quelle considération fut toujours tenu tout ce qui touche à l'art du verrier.

Ces corporations étaient riches et puissantes; elles avaient leur juridiction propre et des maîtres jurés qui fournirent des prévots et un grand nombre de membres à la municipalité de Paris.

Des obligations strictes et des règlements sévères amoindrissaient un peu les bénéfices

de leur privilége. Le prix de la verrerie ordinaire était fixé par ordonnance royale; l'arrêt du Conseil du 3 mars 1725 fixait « le prix des
« carreaux à 8 sols le pied, attendu que par
« arrêt du 4 mars 1724, le panier de verre
« était payé aux maîtres de verreries 30 livres
« le verre fin et 27 livres le verre ordinaire.
« Le même arrêt fait défense d'exporter les
« vitres et autres objets en verre. »

Ce régime était peu fait pour amener le progrès; il fut excellent au moyen âge et tant que les communautés durent grouper le plus possible leurs intérêts et définir les prérogatives de leur état pour se défendre contre la rapacité féodale; mais dès que l'autorité royale eut été mise hors de page, il devint funeste et ne servit plus que les intérêts du fisc et d'un petit nombre de privilégiés. On a beaucoup répété que Colbert avait créé l'industrie française, qu'elle lui devait tout..... Il y aurait beaucoup à rabattre dans ces assertions. Le ministère de Colbert, le règne de Madame de Maintenon, furent une ère triomphante pour le système du privilége au dedans, pour le système prohibitif au dehors.

Ceux qui obtenaient ces priviléges étaient sûrs de s'enrichir en versant des sommes raisonnables dans la cassette royale, aussi n'est-ce pas aux gens qui par malheur n'ont que le talent de leur métier et le mérite de précieuses découvertes, que sont accordés les brevets industriels, mais aux grands personnages, aux courtisans influents qui appliquent à leur profit la meilleure part de leur produit. Madame de Maintenon obtient en son nom un brevet d'invention et d'exploitation pour des fours et des cheminées économiques, et M. le duc de Bouillon, grand chambellan de France, exploitait dans tout le royaume, par permission « et « privilége du roi, et par patentes du 7 sep- « tembre 1667, un sachet insecticide sans « mercure » (1). Le même système se trouve employé dans la fondation de la manufacture de Saint-Gobain ; des recherches récentes dans

---

(1) Pour tous ces brevets accordés à la faveur et non au mérite, et qui, loin de garantir la propriété industrielle, dépouillaient les inventeurs au profit des courtisans, on peut consulter M. Depping, *Correspondance administrative de Louis XIV*, et les *Ordonnances de Louis XIV*, dépôt civil du Parlement aux Archives impériales.

les archives de la Compagnie ont prouvé que la mémoire reconnaissante des ouvriers, qui attribuait à Lucas de Néthou la découverte du coulage des glaces, était vraie. Abraham Stevart, ou Thevart, auquel, d'après les patentes, tous les écrivains ont jusqu'ici attribué cette invention, n'était qu'un riche prête-nom de la Compagnie qui recevait le privilége d'exploitation.

Certes, nous sommes loin de nier l'influence immense qu'eurent le génie de Colbert et sa persistante volonté dans le développement que prit sous Louis XIV l'industrie des glaces. Le grand ministre vit dans cette fabrication une source nouvelle de fortune et de prospérité pour le royaume, sa sollicitude éclairée s'attacha à la développer. La révolution pouvait seule la débarrasser des entraves que le régime politique et le système social de son époque faisaient subir à toutes les exploitations commerciales.

On ne sait pas au juste à quelle époque on chercha en France à imiter les verres de Bohême et les glaces de Venise.

Quelques verriers se trouvèrent, dit-on, au nombre des artistes que François Ier amena d'Italie. Ils apportèrent dans nos manufactures quelques-uns des procédés de fabrication employés au Murano; mais bien avant cette époque, l'art du verrier avait atteint en France un assez haut degré de perfection. Ses produits n'égalaient pas encore ceux de Venise ou de Bohême; cependant, outre la verrerie destinée aux usages ordinaires et ces admirables vitraux que l'art moderne cherche encore à imiter, on y fabriquait la gobeletterie si curieuse qui servit aux seigneurs des quatorzième et quinzième siècles à éteindre leur soif pantagruélique, et jusqu'à ces petits vaisseaux en verre « fondu, filé, coulé et tordu » qu'on voit aujourd'hui sous le globe de tant de pendules ou sur tant d'étagères vulgaires, et qui étaient alors des objets d'un grand prix. Les troubles religieux et politiques qui, pendant près de deux siècles, couvrirent la France de dévastations et de pillages, détruisirent ces fragiles produits de l'industrieuse habileté des verriers du moyen âge et de la renaissance. La tourmente révolutionnaire brisa ceux qui se trouvaient dans les demeures seigneuriales ou dans les garde-meubles de la couronne.

Quelques vases à panse renflée, à long col, avec des anses et anneaux ouvragés ; des bassins en verre blanc, à bords relevés et à côtes, à anse en verre de couleur ; des vidercomes décorés d'écussons armoriés parfois de boutons d'applique en émaux de couleur; de grands gobelets à couvercle, des aiguières, des lampes, des clochettes conservées dans les musées ou dans les collections particulières, restent cependant comme témoignage de l'industrie et des goûts de cette époque.

En France, nous avons toujours eu la manie de faire tout passer comme étant d'importation Anglaise ou Italienne. En revanche les Anglais et les Italiens mettent tout chez eux à la mode Française. Tous les miroirs, tous les trumeaux qui datent d'avant Colbert, portent le nom de glace de Venise ; cette origine double leur prix ; les vendeurs font bien d'en maintenir la tradition, mais beaucoup ont été fondus en France, le plus grand nombre ont été ornés par nos miroitiers.

L'art de la *tabletterie*, de la *bahuterie* et de la *gaînerie*, comme on disait alors, était fort raffiné en France. Les miroitiers parisiens étaient surtout renommés à cause de l'habileté avec laquelle ils savaient encadrer les miroirs dans les meubles, dans les nécessaires, dans les boîtes, dans des tables à ouvrage, dans tous ces petits riens qui ont toujours fait partie de ce que les anciens appelait *le monde* de la femme.

Sous Louis XI, les miroitiers-gaîniers avaient déjà inventé les nécessaires de toilette. Dans le compte de dépenses de la Cour, pour l'année 1469, on trouve qu'il fut payé à Olivier le Maulvais, valet de chambre et barbier de corps du roy, xx livres xii sous v deniers, « pour « ung estuy garni de razouers d'argent doré, « de fin or, sizeaux, peignes et mirouers » Et vers le même temps le duc d'Orléans fit payer à Richard de Grez « un estuy de cuir » doré pendant à un long lez de soie garni « d'un mirouer » (1).

La qualité de gentilhomme verrier se trouve dans toutes les montres de la noblesse dès le

(1) Archives de M. de Joursanvault, 1re partie, page 118.

treizième siècle ; il existait des corporations de miroitiers dans toutes les provinces ; les artistes vénitiens purent apporter une manière de faire meilleure, plus perfectionnée, ils n'apportèrent ni grand développement à l'industrie, ni procédé nouveau. Les procédés employés à Venise différaient peu de ceux des anciens ; la canne au moyen de laquelle les verriers d'Héliopolis soufflaient et développaient leurs vases, était la même que celle qui servait aux ouvriers du Rialto et qui sert encore aujourd'hui dans toutes les manufactures où la poitrine de l'ouvrier se brûle et s'épuise à gonfler la matière vitreuse. — Leurs fours et leurs creusets pouvaient être construits d'après la description laissée par Agrippa ; la composition du verre datait de Sidon et d'Alexandrie. L'industrie des glaces se fut longtemps encore traînée dans ces errements si une découverte toute française ne lui eût ouvert la voie des progrès immenses qu'elle a parcourue depuis deux siècles.

La facilité de se procurer des soudes par la combustion des plantes marines, fit d'abord placer les verreries sur les bords de la mer. Les côtes de la Normandie et de la Picardie en possédaient plusieurs. Celles des environs de Cherbourg furent renommées ; la verrerie de Tourlaville devait devenir célèbre, elle était dirigée au milieu du dix-septième siècle par Lucas de Néthou, un de ces industriels habiles et modestes dont le nom presque ignoré devrait être gravé en lettres d'or dans les annales de la civilisation.

Il avait parcouru l'Allemagne, visité la Bohême et vu Venise, tâchant de s'initier aux différents procédés que les maîtres ne laissaient alors pénétrer aux apprentis qu'après de nombreuses épreuves, et comme des secrets appartenant à la seule communauté dont ils faisaient partie. La fabrication des glaces l'avait surtout occupé ; il vit que la plupart de leurs défauts et presque tous les mécomptes que supportait le fabricant provenaient du soufflage; il s'attacha dès lors à remplacer par une invention nouvelle un procédé aussi défectueux. Par quelle suite de recherches, de tâtonnements, de longs et pénibles essais arriva-t-il à renverser le creuset rempli de verre en fusion sur une table de marbre poli et à étendre la masse vitreuse en une plaque d'une épaisseur partout égale, à l'aide d'un puissant cylindre promené à sa surface? Ou le hasard le mettant en présence d'un fait qu'il n'avait ni cherché ni prévu, mais qui, arrivant sous des yeux capables d'en connaître de suite la cause, de l'approfondir, d'en faire une heureuse application, a-t-il seul fourni à son génie l'occasion de cette magnifique découverte? nous l'ignorons.

Rarement les inventions les plus utiles à la société proviennent de graves calculs faits au fond d'un cabinet; Lucas de Néthou n'était pas un savant; c'était un simple et bon industriel, un artiste verrier surveillant le chauffage de ses fours, soufflant son verre, dressant et polissant ses glaces. Son invention dota la France d'une industrie que les nations rivales lui envient sans pouvoir l'égaler.

Pour mieux apprécier toute l'importance de la découverte de Lucas de Néthou, et le progrès que le coulage des glaces, et la fondation de Saint-Gobain qui en fut la suite, apportèrent dans l'industrie qui nous occupe, nous devons entrer dans quelques détails sur la fabrication en elle-même.

Nous l'étudierons le plus sommairement possible, ne relatant que les opérations principales qui offrent, d'ailleurs, un intérêt aussi grand pour le simple curieux que pour l'industriel.

L'heure de certaines inventions paraît du reste sonner à l'horloge des siècles au moment juste où la civilisation a conquis tous les éléments qui doivent les faire prospérer. En même temps que le coulage des glaces était découvert, un verrier d'Orléans, Bernard Perrot, obtenait en 1666 un brevet pour la confection d'un combustible moins cher que le charbon et « fait d'une terre qui abonde en France. » C'était la houille connue depuis des siècles en Flandre et qu'on allait exploiter enfin en France.

MM. de Noailles et d'Aumont obtenaient brevet en 1668 pour exploiter celles du Bourbonnais et du duché de Bournonville et on projetait d'amener économiquement celle d'Auvergne à Paris au moyen de canaux et de rivières qu'il ne fallait que rendre plus navigables.

La houille devait bientôt remplacer le bois dans le chauffage des fours et apporter le bon marché dans le prix des glaces.

Ce même Bernard Perrot, maître de la verrerie d'Orléans, obtint en 1688 un autre brevet pour « la fabrication du verre soit colorié, soit en relief et pour le coulage des métaux à table creuse avec des figures. »

La vapeur, déjà employée dès le seizième siècle, « pour activer et concentrer la fonte du verre » suivant le témoignage formel de Wilkins (1) allait suppléer au bras trop vite fatigué de l'ouvrier ; les progrès rapides de la chimie et des sciences appliquées allaient permettre d'employer des matières premières plus pures, de mieux raisonner les dosages, de perfectionner tous les détails de la fabrication.

Toutes les conditions de progrès industriel se trouvant ainsi réunies, nous le verrons se développant, remplacer les étroits miroirs de Venise par les magnifiques glaces qui réflétaient, en 1855, l'exposition tout entière.

(1) Dans sa *Magie mathématique,* imprimée à l'époque, il appelle l'instrument employé *Blow-Pipe,* tuyau à vent.

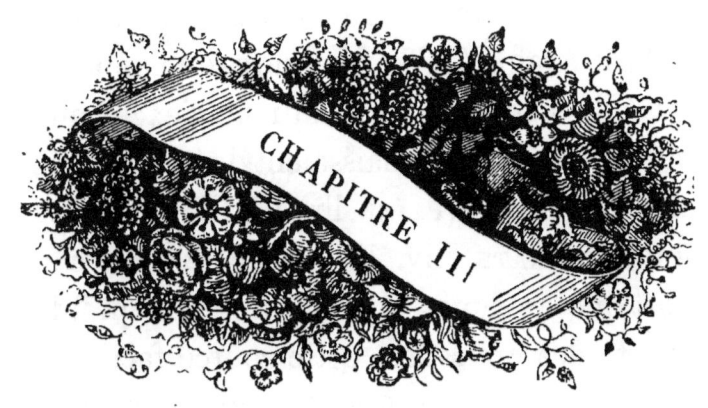

CHAPITRE III

Les miroirs au moyen âge. — Les glaces de Venise pendant la renaissance. — Un virelai de Regnier. — Le biseau sous Louis XIII. — Combien le préjugé peut ajouter au prix de certains objets. — Effet d'un mauvais miroir sur une jolie femme. — Ce qu'on a fait de la prospérité de Venise.

La conquête romaine trouva dans les Gaules une industrie très-avancée; Pline et Florus parlent avec une admiration qui ne leur est pas ordinaire lorsqu'il s'agit des barbares, de l'habileté des orfèvres, des armuriers et des fondeurs d'Alésia. Les découvertes amenées par les fouilles qu'on pratique sur l'emplacement de la dernière cité où combattit Vercingétorix prouvent que l'opinion des auteurs latins n'est pas exagérée. Tout barbares qu'ils étaient, les Gaulois dotèrent l'art antique d'excellentes innovations ; ils connaissaient le verre et inventèrent l'émail (PLINE, liv. XXXIV, chap. 27. — PHILOSTRATE, liv. VII, chap. 28), et c'est à tort que quelques-uns ont prétendu qu'il fut importé des croisades, cette source facile des industries du moyen âge dont on ignore l'origine. Depuis les Druides, l'art de l'émailleur ne fut jamais oublié en France ; les artistes grecs qui vinrent au commencement du douzième siècle donner un nouvel essor aux fabriques de Limoges et porter le sentiment bizantin dans la composition des sujets et dans la peinture sur verre, n'eurent à apprendre aux descendants des vieux Gaulois aucun procédé nouveau.

Pendant les cinq siècles de domination romaine, il se fit dans les Gaules une espèce de fusion entre les habitudes, les croyances, les mœurs des conquérants et ceux de la nation soumise. Non-seulement les Romains avaient transporté leurs théâtres, leurs palais, leurs temples et leurs bains dans toutes les villes gauloises, où de magnifiques ruines attestent le séjour de ces maîtres du monde, mais encore leur architecture civile, leurs costumes, leur ameublement. Il est probable que les glaces qui revêtaient à Rome les chambres des matrones et les salles entières des palais des Césars étaient aussi entremêlées aux abaques qui recouvraient les murailles intérieures des appartements gallo-romains. Ce qu'il y a de certain, c'est que les miroirs qui servaient aux dames romaines à leur toilette se retrouvent dans les premiers siècles de la monarchie française, et que, dans les fresques découvertes en Angleterre, représentant une dame à la toilette, et remontant à l'époque des premiers Césars, on y retrouve l'esclave soutenant, accroupie devant sa maîtresse, le miroir carré dans lequel elle suit le travail des ciniflores.

Le miroir à manche passe au moyen âge des mains de Vénus assise à sa toilette, aux mains de la fée Melusine; toutes les fois que l'enchanteresse est représentée dans les romans du cycle carlovingien et dans les enluminures des vélins de l'époque, elle tient à la main le miroir antique et relève sa chevelure flottante; c'est ainsi que son image a passé dans les armoiries et qu'elle meuble l'écu ou qu'elle le soutienne sous forme de syrène, la Melusine de carnation tient toujours un *miroüer* dans sa dextre.

C'est à cette époque que le miroir magique joue son rôle dans tous les romans de chevalerie. Tantôt il donne la folie et montre de trompeurs mirages à ceux qui s'y regardent; d'autres fois, au contraire, comme le bouclier que Tancrède présenta à Renauld, il fait voir l'âme à travers les traits du visage et montre la queue de lézard qui frétille entre les lèvres souriantes de l'enchanteresse. Le miroir menteur devait être fait d'un alliage de plusieurs métaux dans des proportions cabalistiques; celui, au contraire, qui est inflexible comme la vérité, est formé du cristal le plus pur. Ce qui prouverait, à défaut d'autre témoignage, que les miroirs en verre étaient de cette époque aussi répandus en France que les miroirs en bronze ou en argent. On trouve du reste les trois sortes souvent mentionnées dans les inventaires des dixième et onzième siècles, et ce n'est que vers le quinzième siècle, lorsque l'art du verrier prend le développement que nous avons dit, que les miroirs en métal sont abandonnés complétement.

Il nous paraît étrange, lorsque nous parcourons ces annales des temps passés, de trouver que des siècles n'aient pas suffi pour vulgariser certaines inventions.

Parce que nous avons la presse, la vapeur, l'électricité, le brevet d'invention et la contrefaçon, cette fille du Diable toujours à l'affût pour spolier le génie ou le talent au profit du vulgaire, nous croyons que l'espace qui sépare deux expositions doit suffire à populariser dix découvertes, et nous ne songions pas à l'isolement auquel étaient condamnées les cités de l'ancien monde.

Progrès moral ou progrès industriel, tout changement devait, pour s'imposer, franchir d'innombrables barrières, détruire des idées incarnées depuis des générations; l'alchimie se travailla dix siècles pour devenir une science, et les superstitions qui l'entouraient ne sont pas toutes mortes. Nous n'aurions pas besoin de remonter à Paracelse ou à Cagliostro pour retrouver le miroir magique; on peut le voir encore fonctionner publiquement dans des réunions d'adeptes ou de magnétisme. MM. Dupotet, Delaage, le manient et le décrivent; le rituel magique publié en l'année de grâce 1861 traite de ses propriétés. L'hypnothisme, qui occupa un jour l'Académie des sciences et les Sociétés médicales du monde entier, en est né. Il est partout où la gitana vend les encantations de la vieille Égypte; il sert au jongleur indien et au charlatan chinois à produire l'hallucination.

Plus d'un Faust lui demandera encore à voir sa Marguerite et invoquera ses doux regards, brillants et bleus..... ineffables étoiles qui font rêver aux cieux.

Nous avons dû toucher à ces superstitions qui se sont attachées au miroir; elles n'ont pas été sans influence sur l'industrie elle-même; longtemps les prédicateurs tonnèrent contre lui, non-seulement parce qu'il servait trop bien la coquetterie féminine, mais surtout parce que c'était une invention infernale qui ne devait pas meubler le logement d'un chrétien. Ce fut seulement quand la raison secoua ces vieilles croyances que l'usage des miroirs, des trumeaux et des glaces commença à se répandre.

La corporation des miroitiers de Paris date

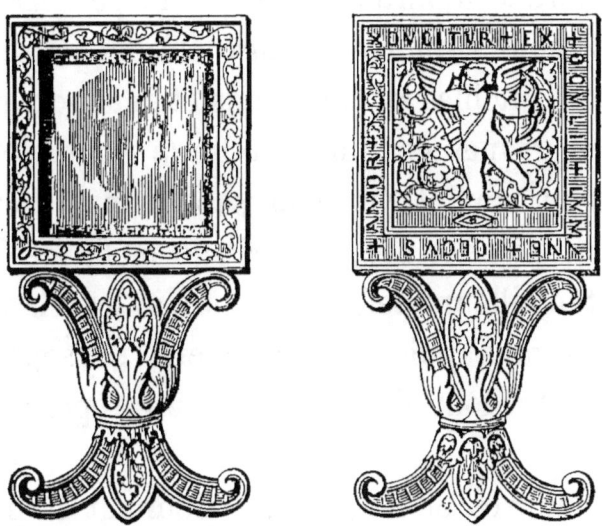

Miroir *de métal à main, carré, avec manche découpé en X, damasquiné or et argent.*

Au revers, un *Amour les yeux bandés et tenant son arc*,
Autour, la légende :

AMOR DVCITVR EX OCVLI LVMINE CECVS.

(L'Amour aveugle est conduit par la lumière de l'œil.)

Ouvrage vénitien du XVIᵉ siècle. — H. 0,102. — L. 0,052.

du règne de Louis XI. Avant cette époque on ne trouve pas de miroir de grande dimension. Ceux qu'on faisait en étain, en argent, en fer poli ou en verre, devaient être d'un transport facile; ces derniers étaient bordés d'un cadre de cuivre argenté ou émaillé à bordure de bois d'olivier ou à cadre grillé, parfois en fer si délicatement travaillé qu'on le prendrait aujourd'hui pour de l'orfévrerie.

Les mœurs du moyen âge étaient presque nomades; nobles et marchands étaient souvent sur les grands chemins, et force était alors, lorsqu'on voulait vivre passablement, d'emporter tout avec soi; l'esprit de méfiance dominait d'ailleurs tellement toutes les classes que les plus puissants n'osaient se séparer des objets dont ils n'eussent pu réparer la perte.

Les coffres et les coffrets tiennent la plus grande place dans l'ameublement de l'époque; chaque miroir avait alors son coffret renfermé comme nos nécessaires de voyage, dans des enveloppes en velours ou en cuir, ornées elles-mêmes de broderies, de gaufrures et de dorures. Ces coffrets se rangeaient dans des bahuts de voyage, auprès de ceux qui contenaient les armes, des objets nécessaires à la toilette, des parfums, des bijoux, des coiffures, des manches brodées, les aumônières, les ceintures ou la vaisselle de table, coupes, hanaps, épices, flacons de cordiaux, etc.

Lorsqu'on arrivait dans une ville, une hôtellerie ou le fief qu'on devait temporairement habiter, on se faisait un mobilier de tous ces coffres de voyage. Les plus grands devenaient

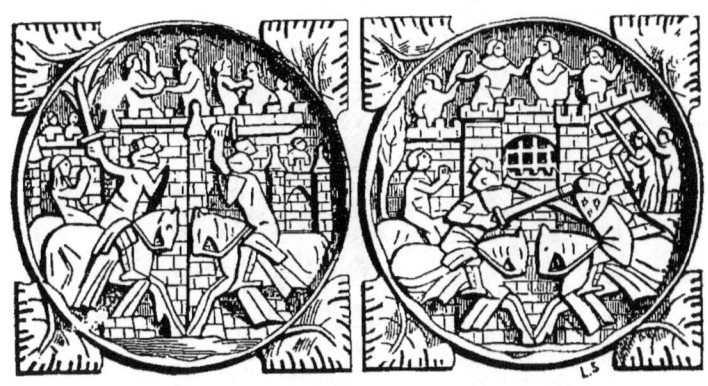

lits, tables, armoires; les moyens servaient de bancs, les petits de nécessaires.

Le miroir, tiré de son étui, se suspendait momentanément au-dessus du bahut où se posait la cuvette argentée qui servait aux ablutions journalières. Mais il ne se fixe au mur et ne s'incruste dans les meubles qu'au moment où nobles et roturiers trouvent la sécurité dans une vie plus sédentaire.

Les miroirs, comme tous les objets d'ameublement qui nous restent de cette époque, sont fort rares. Ils sont d'assez petite dimension et portaient la boucle par laquelle on les suspen-

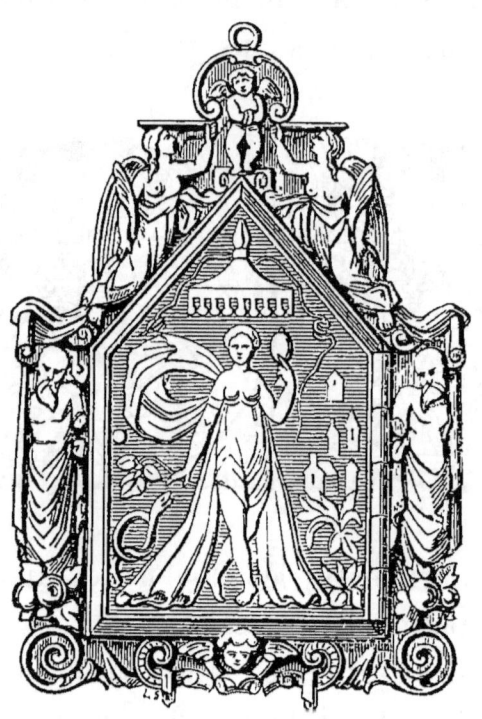

dait soit au mur, soit au-dessus de la toilette. Un des plus curieux que nous connaissions a une hauteur de 0^m,37 sur 0^m,22 de large. Il est entouré d'une bordure en cuivre repoussé et doré, avec incrustations d'émail, travail de

Limoges du commencement du treizième siècle; la principale plaque en émail représente des armoiries, les autres des figures en relief.

Les plaques de verre doublées d'étain ser-

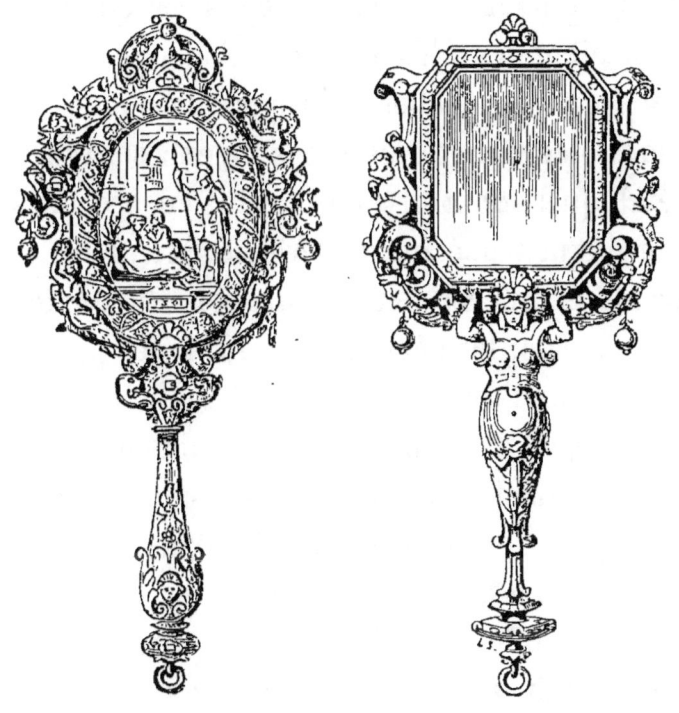

vaient aussi à cette époque d'ornementation; on en trouve d'incrustées dans des reliures d'évangéliaires, sur des couvercles de coffrets et dans le bois de ces croix paroissiales dans l'ornementation desquelles les moines artistes prodiguaient toutes les ressources de leur patiente habileté.

Jusqu'au quinzième siècle, les miroirs furent de dimensions fort restreintes. Les juifs en trafiquaient comme d'objets précieux et apportaient les plus beaux d'Espagne ou de Tunis où les Arabes fabriquaient alors ces admirables verroteries et ces fayences à reflets métalliques dont il nous reste encore de si magnifiques spécimens. Alexis Montheil, en faisant énumérer à un bourgeois du quatorzième siècle, les dépenses qu'il a faites pour le mariage de l'une de ses filles, à laquelle il s'était obligé de donner un ameublement, ne manque pas de lui faire faire ses condoléances sur le prix des *mirouers* à cadre d'argent et de bois dont il a dû garnir la chambre, les nécessaires de toilette et les tables à ouvrage. On commençait alors à les fixer aux murs, ils étaient ordinairement placés dans ces profondes embrasures de fenêtres d'où la châtelaine, assise sur son siége armorié posé sur une haute estrade, passait les longues journées du manoir à regarder la campagne à travers les vitraux, capricieusement enchâssés dans un réseau de plomb fondu et étiré, en travaillant avec ses femmes à quelque tapisserie de haute lice ou en devisant d'amour, de tournois et passe-d'armes.

Longtemps ce fut leur place et on le conçoit ; ces embrasures pratiquées dans des murs assez épais pour supporter un siége et des assauts réitérés, formaient dans les immenses salles une espèce de retrait, de cabinet à part, mieux éclairé que le reste de la pièce, et dans lequel les femmes aimaient à se retirer, tant que la froidure ne les obligeait pas de se réfugier frissonnantes sous le vaste manteau des hautes cheminées où, sur de massifs landiers, flamboyaient des arbres entiers.

Une glace placée au-dessus d'une cheminée eût été un meuble inutile. C'était d'ailleurs la place d'honneur à laquelle était sculpté l'écu des seigneurs du logis. Une femme, je prends la moins coquette, n'a-t-elle pas à chaque instant besoin de jeter un coup d'œil sur son miroir afin de voir si nul dérangement ne s'est glissé dans la gracieuse harmonie de sa toilette.

L'art du miroitier avait fait à cette époque de grands progrès.

Parmi les présents que le roi Charles V offrit à Charles IV, empereur d'Allemagne, et à son fils Wenceslas, roi des Romains, lors du séjour de ces princes à Beauté-sur-Marne, en 1377,

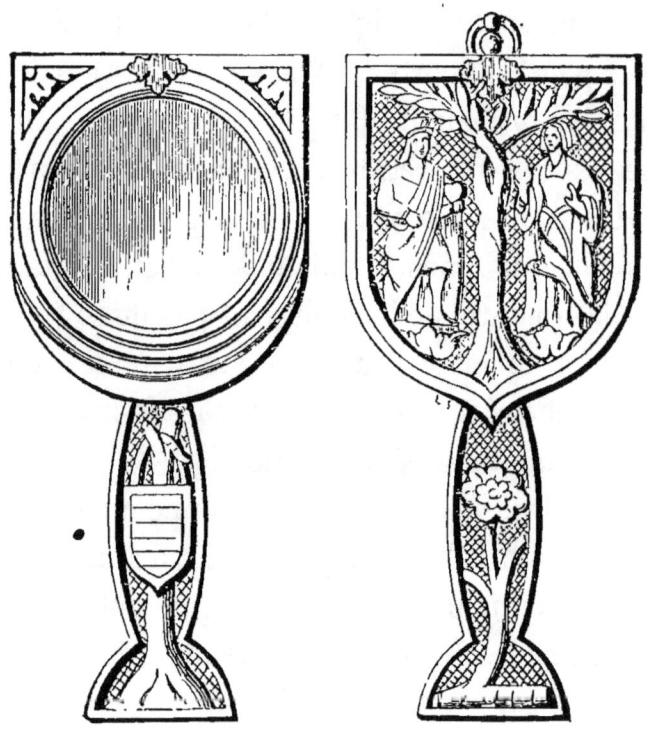

on remarquait un grand miroir entouré d'une bordure d'or garnie de pierreries. Dans la réception que fit Louis XII à l'Archiduc, un grand miroir à cadre d'argent figure aussi parmi les présents.

Dans les contrats de mariage, un *mirouer* figure presque toujours parmi le mobilier apporté par la mariée ; il paraît, dès lors, faire aussi partie des ustensiles sacerdotaux indispensables aux évêques et aux abbés : on les voit figurer dans les trésors de beaucoup d'églises.

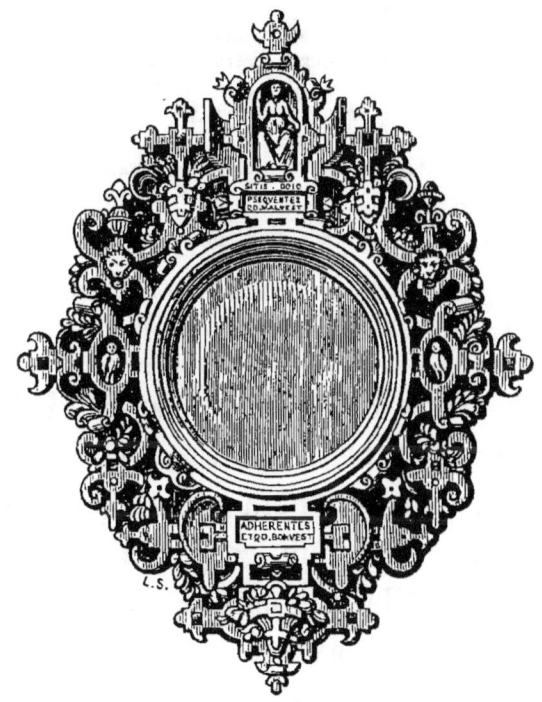

Miroir *de poche* (présent de noces), *forme quadrangulaire.*
La glace ronde est entourée d'un cadre orné d'entrelacs, cuirs roulés et fruitages. Au milieu du diamètre, à gauche et à droite, deux hiboux dans des niches, surmontées de deux têtes de lion portant chacun un anneau dans la gueule. Au sommet, une femme assise sous un

portique, vue de face, tenant un sablier et une tête de mort. Sous ses pieds, la devise :

SITIS ODIO P(er)SEQVENTES Q(ou)D MALV(m)EST.
(Poursuivez de votre haine ce qui est mal.)

Au bas :

ADHERENTES EI Q(vo)D BONV(m)EST.
(Attachez-vous à ce qui est bien.)

Revers. — Dans le médaillon du milieu, un bas-relief rond de la grandeur de la glace, représentant *Judith coupant la tête d'Holopherne*. A gauche et à droite, deux têtes de lion et deux petits génies ailés dans des entraves. En haut, *une femme assise sous un portique, tenant de la main gauche un serpent, et de la droite un miroir*. Au-dessous, la devise flamande :

BETERT. V. LEVEN.
(Améliorez votre vie.)

Plus bas :

DIE, NA, DÈ, VLEES
CHE. LEEFT, SAL, STER.
(Qui vit selon la chair mourra.)

Sur la tablette du bas :

GEDENCT, DES
WYFS, LOTHS.
(Rappelez-vous la femme de Loth.)

Travail flamand de la fin du XVIe siècle. — H. 0,13. — L. 0,105.

Nous avons vu que, sous Louis XI, les *mirouers* faisaient partie de tous les nécessaires de toilette ; ils servaient aussi à parer les appartements. Ce roi fit cadeau à la dame de Beaujeu, sa fille bien-aimée, d'un miroir de deux pieds carrés avec une bordure en cuivre émaillé pour être suspendu en son retrait. Les guerres d'Italie qui remplirent les règnes de de Charles VIII, de Louis XII, de François Ier, apportèrent en France les glaces de Venise ;

mais dès lors les verreries d'Allemagne nous envoyaient ces petits miroirs enfermés dans une boîte en bois blanc, et de forme ronde ou carrée, entourés d'un cadre de même matière ou de cartonnage enluminé de couleurs voyantes et illustrés de personnages costumés dans le goût du temps, dans lesquels se mirent encore les paysans de nos provinces éloignées. La *bimbeloterie* de Paris ou plutôt les *mirouétiers, gainiers, bimbelotiers*, fabriquaient des miroirs plus coquets ou plus ingénieusement posés.

Les petits peignes portant un *mirouer* encastré dans le manche qui leur sert d'étui, les brosses à miroir, les coffrets à glaces, entraient dans toute pacotille de ce que l'on commençait à appeler alors article de Paris.

Les miroirs à cadre émaillé, ou à cadre de cuivre argenté du quinzième siècle ne sont pas très-rares, quelques uns ont trois pieds de haut sur deux de large, mais considérés comme objet de haute curiosité, leur prix est aujourd'hui exhorbitant. Montheil raconte naïvement comment ayant aperçu l'un d'eux chez un marchand du boulevart, qu'il a grand soin de nommer, il lui prit fantaisie de l'acheter à cause de la signature du miroitier et de la date de sa fabrication gravés au bas d'un médaillon. Au prix qu'on lui fit il rougit, baissa la tête et s'enfuit sans répondre.

Hors d'un cabinet de curiosités ou d'un appartement entièrement meublé dans le goût de l'époque, ces sortes de miroirs sont toujours disparates et mal placés. On est heureusement revenu de ce faux goût qui faisait accumuler dans une pièce étroite de nos modernes logements, des meubles et des bibelots provenant de tous les siècles et dont le moindre défaut, lorsqu'ils ne sont pas d'impudents pastiches, est de ne point se concilier avec nos habitudes.

Quels petits hommes, s'écrieraient nos arrières neveux, s'ils devaient nous juger d'après le fractionnement infinitésimal de nos demeures.

L'harmonie doit avant tout présider au choix des meubles et à leur aménagement. La fantaisie doit sans doute y régner, c'est elle qui donne la vie et un riant aspect à nos intérieurs, mais le disparate accumulé pour l'effet doit en être soigneusement banni.

Mieux vaut la froideur d'un salon du style impérial le plus sec et le plus tendu que cet affreux pêle-mêle dont l'affectation vulgaire étale et loge dans tous les coins des meubles, des ustensiles, de prétendus objets d'art qui n'ont d'autre mérite que de paraître étranges au plus grand nombre et choquants pour le goût exercé.

Sortez de vos tombes, humbles et patients artisans du passé, et, drapés de vos longs suaires, suivez vos œuvres à l'enchère...... C'est à prix d'or qu'on les paye aujourd'hui ces ouvrages qui jadis vous donnèrent à peine du pain.... Ah! si vous cherchiez dans la brillante capitale vous trouveriez peut-être de vos frères en infortune qui, sans écoulement pour leur travail, maudissent le goût funeste qui les prive de l'appui de leurs contemporains.

Mais, Dieu merci, le travers qui hier encore détraquait toutes les cervelles commence à disparaître ; on se meuble sans autre parti pris que l'élégance et le confortable ; sans estimer moins les objets qui nous viennent du passé, on pose dans son salon ou dans son boudoir une glace sortie de chez le miroitier en vogue ; d'une pureté réflective irréprochable, d'une planimétrie parfaite, et l'on met dans son cabinet, dans sa bibliothèque, dans son.... fumoir.... pouah!... on met, dis-je, le miroir fondu au Murano, dentelé par les meules agiles, aux prismes étincelants, orné à Paris sous les Valois et dont l'encadrement enfin vaut son poids d'or ; mais

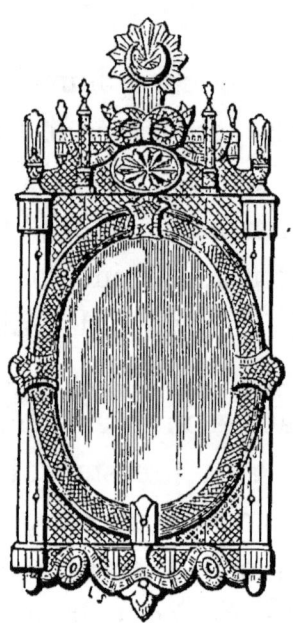

L'auteur possède le miroir qui fait l'objet de ce dessin.

duquel la glace remplie de bulles et d'ondulations, teinte et déforme les images qu'elle peut à peine reproduire en entier.

La première est un meuble utile, gracieux, indispensable, l'autre est un précieux objet de curiosité servant à marquer pour l'esprit nomenclateur les étapes diverses d'une industrie intéressante. Le biseau qu'on recherche aujourd'hui comme un des caractères distinctifs des miroirs de Venise ne fût pas d'abord prodigué, il ne devint même général que dans le dix-septième siècle. La gravure sur verre leur servit plus souvent d'ornement, lorsqu'ils furent destinés à parer des appartements ; il en reste encore de magnifiques spécimens. Le musée de Cluny en conserve plusieurs, un des plus beaux en bois sculpté, rehaussé d'or, flanqué de deux pilastres canelés et recouvert d'une plaque qui représente une Léda. Le fronton et le soubassement sont décorés de chimères, d'ornements et d'écussons en haut-relief. La devise *Liberta* placée dans les armoiries du bas, fait croire que ce miroir, d'un travail évidemment italien, vient d'un artiste génois.

Les bordures en pâte imitant le bois sculpté ne sont pas pour les miroirs d'invention moderne, on en retrouve qui datent du commencement du seizième siècle, représentant des figures et des arabesques en relief. Mais les bordures en bois sculpté furent surtout alors recherchées pour les grands miroirs d'ameublement ou plutôt d'ornementation, les cadres émaillés en cuivre argenté; en métal buriné, celles où s'incrustaient les médaillons en ivoire étaient ré-

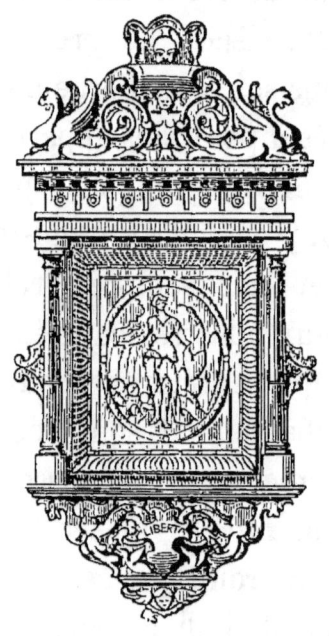

servés pour les miroirs de toilette. Un des plus beaux qui nous restent, servit, dit la tradition, à Diane de Poitiers, dont on peut voir le portrait dans le médaillon représentant une femme à sa toilette qui le surmonte. La frise, en ivoire aussi, est composée d'amours et de guirlandes de fruits ; des génies et des anges, en haut-relief, taillés dans le bois et dorés, complètent l'ornementation.

Un tel miroir conviendrait dans un cabinet de toilette où l'eau de senteur tomberait d'une fontaine hispano-mauresque dans des vasques à ombilic ; où les aiguières aux anses formées de chimères contournées et couvertes d'arabesques, reposeraient dans des bassins décorés de médaillons signés Briot, posés sur des meubles à hauteur d'appui, décorés de mosaïques en relief formées en pierres précieuses de Florence et près de crédences en bois sculpté avec pilastres, bas-reliefs et incrustations en marbres de couleur. Nous lui préférons dans le boudoir d'une élégante parisienne, un miroir Pompadour ou Marie-Antoinette avec sa bordure de Sèvres perdue dans des flots de vieux Chantilly.

Les châteaux de Chambord et de Fontainebleau, celui d'Anet, possédaient ces miroirs, dont parle Brantôme, et Rabelais, « en crys-
« talin enchassé d'or fin, autour garni de per-
« les, et qui était de telle grandeur qu'il pou-
« vait véritablement représenter toute la

« personne » et qu'on plaçait dans la chambre où l'arrière chambre. Déjà, le goût de prodiguer les glaces dans les appartements se répandait. Les parois de la salle des bains de Diane, à Fontainebleau, en étaient entièrement revêtus, et Régnier peut dire dans un gracieux Virelay sur l'*excès où l'on porte toute chose* :

>Dans leurs cabinets enchantés,
>L'étoffe ne trouve plus place ;
>Tous les murs, des quatre côtés,
>En sont de glaces incrustés.
>Chaque côté n'est qu'une glace ;
>Pour voir partout leur bonne grâce,
>Partout elles veulent avoir
>La perspective d'un miroir.

Le salon des glaces, cette merveille du Versailles de Louis XIV, n'était pas, on le voit, une invention du grand roi, elle avait été renouvelée des Romains, dès le temps des Valois ses prédécesseurs. Les cabinets des baigneurs étuvistes en possédaient de fort riches, ce fût dans ces établissements, on le sait, où furent réunis pendant plusieurs siècles tous les raffinements de la vie sensuelle et un peu débraillée, que menèrent les seigneurs de la cour de François I*er*, les mignons d'Henri III, les beaux du règne de Louis XIII et les muguets des premières années de règne de Louis XIV.

Charles IX, Henri III, le roi vert galant, Louis XIV dans sa jeunesse et un peu les dames de tous les règnes, depuis les Marguerite jusqu'à la Montespan leur firent visite. La chambre des parfums s'y trouvait auprès de la salle des festins et la glace de Venise y parait le lit à colonnes torses, où après le bain, de somptueux rideaux en brocatelle protégeaient le repos ou le plaisir.

En se parant de glaces, le premier café établi par le Levantin, sur la petite place, aujourd'hui détruite, des Deux-Ponts, ne fit qu'imiter un des luxes les plus renommés des établissements des *logeurs, baigneurs, barbiers*, qui disparaissaient.

Les grands trumeaux en bois sculpté et doré datent du dix-huitième siècle; c'est surtout à cette époque qu'on exagéra le biseau. Les encadrements des premières années sont en bois sculpté et doré avec mélange de tons vert mat ou bruni; ceux où des génies se jouent dans des ceps de vigne sont les plus ordinaires; parfois on trouve des cadres en ébène décorés de figures en relief, presque toujours des frontons représentant des sujets mythologiques les couronnent, puis les biseaux s'accusent encore et les cadres sont ajustés pour lui donner plus de relief. Ils sont en cuivre estampé et doré, souvent en ébène décoré d'appliques en cuivre et doré, parfois surmontés de mascarons. Les plus riches sont décorés d'émaux, des plaques en cristal taillé et gravé s'incrustent dans l'ébène des bordures.

Les miroitiers du dix-septième siècle entendaient largement l'art de la décoration, quoiqu'ils fissent peut-être trop abus du biseau, — afin, nous l'avons dit, de donner plus de champ à la pièce principale du miroir, — et qu'il y eût dans leur ornementation ce quelque chose d'exagéré qu'on retrouve dans le langage, dans les vêtements, dans l'ameublement d'une époque qui puisait ses modes et ses manières à l'hôtel Rambouillet. Les œuvres qu'ils nous ont laissées n'en méritent pas moins que celles de la renaissance d'être recherchées ; elle font un très-grand effet dans une galerie, dans un cabinet ou dans une salle à manger meublée d'armoires à vantaux sculptés et de chaises à haut dossier; elles seraient moins bien dans un salon et dans une chambre où tout ne correspondrait pas au style de leur époque.

Il ne faut jamais chercher à en tirer un service utile pour réfléchir les objets, l'effet qu'elles produiraient serait alors faux la plupart du temps, soit comme couleur, soit comme fidélité de l'image reproduite.

Si le miroitier va chercher aujourd'hui ses inspirations dans l'étude des glaces de Venise, il aura beaucoup à apprendre dans les riches et élégantes bordures qui datent de la renaissance. L'emploi des émaux sera pour lui plus restreint; il comprendrait peu les goûts de notre époque et les progrès de son art, s'il choisissait pour modèle favori les miroirs du temps de Louis XIII. Il ne doit faire usage des précieuses ressources que lui offre le biseau luimême qu'avec une grande réserve et ne se laisser jamais aller à une imitation trop servile; qu'il sache créer dans le style des différentes époques sans faire du pastiche, à moins toutefois, qu'il ne veuille faire du vieux neuf à l'usage des antiquaires quand même; mais ceci est une industrie à part qui, pour exiger une grande habileté, ne fait pas partie de l'art proprement dit.

Les glaces qu'on fait aujourd'hui sous le nom de glaces de Venise n'ont d'autre rapport avec les miroirs ou les trumeaux des seizième et dix-septième siècles, qu'une ressemblance de forme; comme instrument réflecteur, elles leur sont infiniment supérieures quoique généralement on utilise pour leur fabrication les morceaux de dimension réduite, que le diamant de l'équarrisseur a découpés pour tirer le meilleur parti possible des glaces encore brutes en éliminant leurs défauts.

La gravure et la plus grande partie des ornements prodigués par les miroitiers de Venise cherchaient surtout à pallier les défauts du verre. On doit exiger des glaces actuelles taillées à la façon de Venise, toute la perfection apportée par le progrès de l'industrie jointe au sentiment de l'art des anciennes époques, à moins, cependant, que pour plus de couleur locale on ne leur préfère quelque léger défaut; les bibliomanes illustres reconnaissent bien les éditions les plus rares, les livres les plus précieux aux fautes typographiques, aux pages écornées.

Une femme ne pardonnera jamais un défaut à son miroir, gardât-il incrustées dans l'émail du cadre les fleurs de lys de France, parties de l'escarboucle de Navarre et accolées aux besans de Médicis.

Par un accident un peu volontaire, un prince étranger fort renommé dans le domaine de la curiosité, brisa une modeste glace qui parait le salon de la recluse de l'Abbaye-aux-Bois ; il partit comme désespéré et revint quelques heures après apportant lui-même une magnifique glace de Venise ayant appartenue d'une manière authentique à Marie de Médicis, et il supplia si ardemment qu'on lui laissât réparer ce qu'il appelait sa maladresse, planta si prestement les pitons dont il s'était muni, que madame Récamier ne trouva mot pour refuser le riche présent si délicatement offert. Mais pendant huit jours madame eut la migraine, fut nerveuse et peut-être, sans le vouloir, particulièrement maussade avec l'habile échangeur de glaces. Les illustres habitués de son salon s'alarmèrent. Un des premiers médecins physiologistes de l'époque étudiait avec anxiété la physionomie si expressive de la malade, il voyait son regard s'enfiévrer toutes les fois qu'il s'arrêtait, sans pouvoir s'en détacher, sur le riche miroir et il crut d'abord que ce magnifique objet d'art contrastant avec une médiocrité de fortune, toujours un peu difficile à supporter pour les âmes les mieux trempées, rallumait des désirs mal éteints dans l'esprit de la femme. Puis une inspiration lui vient ; il s'approche du miroir, l'épaisse couche de verre un peu vert sur l'étain, déjà vieux, ternissait le visage, tandis qu'une légère ondulation dont l'effet augmentait par la distance, contournait les traits.

La cause de la maladie était découverte. Juliette qui n'avait pu, dans sa jeunesse, pardonner à Canova de ne pas l'avoir faite assez belle dans le charmant buste qu'il nous a laissé d'elle, se trouvait laide dans son miroir : elle en était agacée, triste et malade. Dès lors le remède était simple ; le docteur avait, dit-il, remarqué que l'humidité avait taché et faussé le tain de la glace fondue à Venise, il ne fallait pas laisser ce défaut déparer un tel chef-d'œuvre, il donna l'adresse de mon père.

Quelques jours après, une glace de Saint-Gobain, d'une pureté parfaite, avait remplacé dans sa bordure le miroir de Venise, et Juliette avait recouvré l'amabilité de son esprit, elle trouva même de charmantes paroles pour remercier le prince étranger de son délicieux cadeau. Celui-ci, en connaisseur émérite, avait déjà remarqué le changement fait dans son cadre ; il ne pouvait s'expliquer un tel acte de vandalisme, il se crut mytifié, partit furieux et ne reparût jamais à l'Abbaye-aux-Bois.

Jetons maintenant un regard sur Venise, la belle captive de l'Adriatique, ses verreries sont en pleine décadence depuis, surtout, que l'impérieuse domination autrichienne étreint dans ses serres cette reine humiliée, mais frémissante.

Les glaces qu'elle produit depuis un siècle sont bien inférieures à celles qui ont fait sa renommée aux quinzième et seizième siècles. Si l'indépendance ne vient pas ranimer de son souffle cette industrie jadis si florissante, aujourd'hui presque morte, et repeupler ses palais pleins de solitude et d'abandon, les fours de Murano s'éteindront pour toujours. Ses verriers sentent encore le vieux sang républicain bouillonner dans leurs veines, ils savent qu'ils sont gentilshommes, que leur nom est inscrit au livre d'or des vieilles gloires nationales. Ils se distinguèrent entre tous dans la dernière lutte. Mornes, mais non découragés, ils attendent que l'Italie régénérée leur apporte l'ardeur au travail et les progrès de l'industrie moderne.

CHAPITRE IV

Les glaces sous Louis XIV. — M. Bizet, miroitier royal. — Le bureau de M. de Sartines. — Le miroir de Marie-Antoinette. — La curiosité des dames hollandaises. — Les glaces à notre époque.

Les citations que nous avons apportées au sujet des glaces « en fin cristallin » où les dames se voyaient de pied en cap, du temps de François Ier, sont un peu exagérées, Rabelais les plaçait à l'abbaye de Thélème où l'on voyait beaucoup de merveilles qui n'existèrent jamais ailleurs. Ce ne fut que lorsque le coulage permit de donner aux plaques de verre les dimensions et l'épaisseur nécessaires qu'on put posséder des glaces d'une hauteur assez considérable pour réfléter l'image entière d'une personne. Les premières qui donnèrent leur nom au fameux salon de Versailles ne furent pas de dimensions très-considérables; fondues à Paris, elles se ressentaient d'une industrie naissante. Les psychés furent inventées vers cette époque. Ce nom mythologique leur fut imposé par la cour un peu pédante et très-précieuse qui entourait le duc du Maine.

« Madame la marquise de Dangeau, (dit
« Dangeau dans ses mémoires,) a été hier reçue
« à Sceaux, par Madame la duchesse du Maine,
« qui fut très-bonne pour elle. Madame la du-
« chesse voulut lui faire admirer une de ces
« glaces qu'on fabrique dans la forêt de Lafère,
« aussi grandes qu'une personne et qui, mon-
« tées sur un piédestal en bois, peuvent prendre
« toutes les inclinaisons. Ces grands miroirs
« peuvent être transportés dans toutes les
« chambres, et sont fort commodes pour la toi-
« lette. On les appelle des psychés. Madame de
« Dangeau désire en avoir un, et malgré la dé-

« pense assez considérable, je l'ai commandé
« au magasin royal. »

Ce magasin royal était alors fort à la mode, peut être doit-on à son ingénieux propriétaire une invention exploitée de nos jours. Dans un des casiers du cabinet des Médailles, on voit, à la Bibliothèque Royale, un jeton en cuivre rouge sur lequel il y a un chiffre entrelacé sous forme d'armoiries avec la légende : *Pierre Bizet, marchand miroitier* et l'exergue 1703.

Au revers un miroir surmonté d'une pendule est posé sur une console couverte en partie d'un tapis fleurdelisé, un manteau retroussé forme le fond de la médaille qui porte pour légende : *Au Magasin Royal, rue Saint-Martin.*

C'est vers cette époque que furent inventées les toilettes proprement dites où le miroir, coquettement noyé dans des flots de dentelle et fixé sur la table couverte des milles riens qui servent à la parure d'une femme, et devant laquelle les dames du dix-huitième siècle passaient de si longues heures, tenant leur petit lever, écoutant les galanteries de Monsieur le Marquis, les impertinences du Chevalier, ou l'anecdote scandaleuse colportée le matin par Monsieur l'Abbé, de ruelle en ruelle. Et parfois, l'académique dédicace que la gravure a rendu populaire, en nous montrant le poëte emphatique, lisant à la coquette peu attentive, le chapitre qui lui vaudra de quoi faire figure au café de la Comédie.

Depuis quelque temps, le style Louis XIV est devenu fort à la mode, les salons blancs et or, sont prodigués d'un bout du boulevart à l'autre, l'encadrement des glaces magnifiques qui les décorent rappellent d'une manière plus ou moins vraie les glaces des palais de Versailles et de Marly; excepté pour les habitations seigneuriales ces glaces furent longtemps un grand luxe. Sous la Régence et Louis XV, les boudoirs se parèrent pour les amours, partout on multiplia les glaces encadrées de lacs emblématiques, de rocailles, de feuillages, entourées de guirlandes dans lesquelles se jouent des amours et se becquètent des tourterelles; c'est le règne de la galanterie et du plaisir, tout le rappelle. Les glaces garnissent le fonds des alcôves et s'inclinent sur les sophas; les miroirs s'incrustent dans les pans coupés des plafonds, chaque panneau supporte un trumeau, partout le sourire et les images voluptueuses se reflètent, se répètent et se multiplient. Chaque petite maison a son salon de glaces, où les tentures ne trouvent plus de place ; parfois d'ingénieux mécanismes les transforment d'après les caprices de la divinité du lieu, fatiguée d'un éclat trop monotone, et des galanteries peintes par Boucher, les Frogonard ou Lancret, avec une hardiesse de pinceau qui rappelait les peintres italiens de la renaissance, remplacent les glaces disparues. On racontait des merveilles de ces sortes de boudoirs, des seigneurs y avaient englouti le prix de leur terre ; Pinon de la Grange-Batelière, un de ces financiers dont Lesage nous a laissé dans *Turcaret* le type immortel, avait, disent les chroniques du temps, pour cent mille écus de glaces dans sa maison de la rue Fontaine.

On était loin cependant à l'époque de pouvoir fondre les immenses glaces que nous avons admirées depuis ; les plus grandes n'égalaient pas celles qui parent un café ou un appartement ordinaire. Lorsqu'on voulait donner aux trumeaux une assez grande dimension on les formait de plusieurs morceaux ; presque jamais le cadre en bois sculpté n'était plein. On y incrustait des plaques de verre taillées en biseau, le haut de la glace formant couronnement était toujours rapporté.

Les cheminées commençaient alors à s'abaisser et à recevoir une glace comme décor ordinaire, c'était une heureuse idée ; les longues heures de l'hiver s'écoulent près du feu, la glace offre une perspective, éclaire l'appartement en reflètant la lumière des lampes posées sur la tablette et reproduit le groupe et la physionomie des causeurs, elle représente un tableau animé qui égaie toujours et plus d'une fois complète, par un regard dérobé, la pensée que n'ont pas entièrement accusée les paroles. Que de choses n'a pas dites une glace bien placée, que de secrets trahis, que de pensées transmises.

On se rappelle l'effet que produisait Frédérick Lemaître, dans la *Dame de Saint-Tropez*, lorsqu'une glace lui montrait sa femme versant le poison dans sa tasse. Heureusement de pareilles révélations sont fort rares ; mais, fortuit ou calculé, ce moyen d'investigation réussit très-souvent. Le bureau de M. de Sartines est resté célèbre. Lorsque quelqu'un entrait dans son cabinet, l'habile lieutenant de police paraissait absorbé dans un travail pressé, assis devant un bureau-cabinet, dont chaque porte, formée par un miroir incrusté dans l'écaille et des ornements dorés, paraissait ouverte au hasard, mais formait un angle de manière à faire reproduire, par la plus simple des combinaisons d'optique, l'image de la personne qui se présentait dans la glace placée dans le compartiment ouvert devant lui, et que son œil ne quittait jamais. Si le personnage était homme d'importance, M. le lieutenant s'excusait sur un travail qui demandait à être expédié de suite, et comme une telle excuse est toujours valable venant de la part d'un homme chargé de pareilles fonctions, les plus hauts seigneurs n'auraient pas osé s'en plaindre. On n'entre jamais sans une certaine émotion chez un chef de police, dans un cabinet où sont enfermés des secrets qui tiennent la vie et l'honneur d'un si grand nombre, et qui parfois décident de l'existence des États. Rarement, si l'on se croit isolé et à l'abri du regard, les premières minutes s'écoulent sans que le visage traduise l'impression vraie que fait éprouver, en pareil cas, l'état de l'âme ; la physionomie se montre sans masque et c'est beaucoup pour le magistrat obligé de scruter la conscience. Aussi, lorsque rejetant le travail expédié, M. de Sartines se retournant brusquement enveloppait le visiteur d'un regard profondément scrutateur, celui-ci, dans un moment d'oubli, avait déjà laissé deviner la moitié de ses secrets. Puis, le ministre interrogeant ou causant paraissait un peu distrait par l'examen de certaines pièces, tandis que son regard qui semblait laisser libre le coupable, étudiait le moindre tressaillement de ses muscles dans les miroirs de son bureau.

Ces jeux d'optique à l'aide de glaces reflétant les images ont donné lieu à d'ingénieuses combinaisons, dont l'examen nous entraînerait un peu loin de notre cadre. Les chinois, amoureux de toutes les petites combinaisons qui amènent le merveilleux et le bizarre, trouvent et aiment à produire les plus singulières illusions, ils les prodiguent dans leurs maisons et dans leurs jardins, en incrustant des miroirs dans les rocs et dans leurs grottes, se complaisant toujours à y admirer leur séduisante image.

Les miroirs qu'on plaçait autrefois dans les embrasures des fenêtres reflétaient, parfois, ce qui se passait au dehors, on trouva là, un moyen de satisfaire sa curiosité d'une manière fort innocente, et peu à peu les miroirs s'avancèrent jusqu'au devant des fenêtres, pour mieux remplir ce singulier office. Aujourd'hui cette habitude a presque complétement disparu en France, à peine en trouve-t-on quelques traces dans des localités isolées, où l'on conserve religieusement les derniers vestiges des vieilles traditions; mais elle est générale dans quelques provinces de la Belgique et de l'Allemagne et surtout en Hollande.

A toutes les maisons, on voit des miroirs doubles suspendus à un pied ou deux pieds devant les fenêtres. Ils réfléchissent deux fois l'image de toute personne qui passe, et permettent de voir depuis une extrémité de la rue jusqu'à l'autre; en sorte que, grâce à cette curieuse petite machine qui absorbe tout le mouvement extérieur pour le porter au dedans des maisons, il est rare que du fond de sa chambre la ménagère n'ait pas constamment quelqu'un à regarder ; or, pour peu qu'une demi douzaine de passants viennent à circuler au dehors, les miroirs en font une foule à voir. Lorsqu'on se rappelle les renseignements de son guide et les statistiques officielles, les rues si désertes des bonnes villes bataviennes, on se demande si, pour faire les dénombrements qui ont donné le chiffre de la population hollandaise, on n'a pas compté tous ces milliers d'hommes et de femmes dans les miroirs.

On peut aujourd'hui, à l'aide de ces globes de verre qu'on argente à l'intérieur, obtenir des résultats plus merveilleux, des panoramas plus complets. Nous ne doutons pas que, plus connus, leur usage ne se répande rapidement dans toutes les villes de Hollande, qu'ils ne remplacent où ne s'ajoutent aux cages remplies d'oiseaux qui se balancent aux croisées de tout cottage anglais ou de résidence américaine ; pour la Chine, leur succès y est assuré, leur place doit être marquée dans la pacotille de tout négociant qui veut trafiquer avec les habitants du Céleste-Empire.

Parmi les trophées rapportées de Chine, à la

dernière expédition, se trouve une glace envoyée avec d'autres présents à l'Empereur. — Nos glaces ont été, en effet, un des produits de notre industrie qu'ont toujours le plus admiré les orientaux. Dans la relation qu'il a écrite de son ambassade en France, dans les dernières années de Louis XIV, Méhémed-Effendi, qu'on a voulu, à tort, considérer depuis comme un imposteur, parle avec toute l'exagération orientale, des glaces qu'il a vues au palais de Versailles et dans toutes les demeures seigneuriales.

Avant, en effet, que le palais du Sultan et les riches harems d'Orient ne reçussent des glaces françaises, on n'y connaissait que des petits miroirs encadrés dans des cartonages, dans des écrans, avec plus ou moins de goût, entourés de plumes d'autruche qui forment ces riches éventails, qu'on met aux mains des odalisques; mais tous remplis de défauts et reflétant fort mal l'image des beautés qui s'y miraient. Les glaces aujourd'hui recherchées sous le nom de glace de Constantinople ne sont que de charmantes et fragiles imitations des anciens miroirs de Venise ; ce sont de jolis et précieux bijoux auxquels le miroitier prodigue l'ornementation et les fioritures avec une recherche enfantine ; ce ne sont pas des objets d'art ni d'ameublement. Ils se briseraient au moindre contact de notre activité toujours un peu fébrile.

Les glaces ovales, si élégantes, qu'on recherchaient sous Louis XV, sont aujourd'hui revenues de mode. Parfois, peut-être, on exagère trop leurs dimensions. Cette forme a quelque chose de galant, de mignon, qui sent toujours le boudoir ; coquettement placées dans une chambre à coucher, ou comme fantaisie au-dessus d'une console, d'une causeuse, dans un salon, elles font un effet charmant ; elles ne sont pas assez monumentales pour servir de pièce principale. C'est au bon goût des maîtresses de maisons à trouver la place qui leur sied le mieux, en les posant toujours un peu inclinées.

Dans quelques établissements publics, on a adopté depuis quelque temps cette forme pour orner de vastes salles ; suivant nous, c'est une innovation dictée par un faux goût et qui n'a pas d'avenir. Toutes les fois qu'elles devront multiplier les rayons lumineux, répéter des perspectives, agrandir, faire pour ainsi dire un horizon à une salle, les glaces doivent-être symétriquement posées en face l'une de l'autre ; pour cette disposition et pour ces effets, la forme carrée ou un peu arrondie par le haut, d'après le style de la décoration, sont celles qui conviendront le mieux.

Dans nos salles à manger actuelles, l'on est sobre de décorations et surtout de glaces ; des miroirs de Venise, ou des glaces de l'époque de Louis XIV leur conviennent. Dans les salons destinés aux petits soupers de l'ancien régime, on les prodiguait davantage. Alors, comme du temps de Rome, on cherchait à multiplier les convives, et, par une réminiscence qui devait aller se développant peut-être un peu trop sous l'Empire, on incrusta des glaces, dans les plateaux, et dans les surtouts, qui servaient à l'ornement ou au service de la table. Mais les œuvres les plus délicates que nous ait laissées la miroiterie de cette époque, celles que nous devons surtout étudier, ce sont les miroirs de toilette ovales, ronds, carrés ou de formes mixtes, richement entourés de bordures d'argent ou plus délicieusement encore, de cadres sortis des mains des artistes de Sèvres.

Celui de Marie-Antoinette a souvent été imité. Des génies se jouant dans des guirlandes de vieux Sèvres, présentaient à la gracieuse souveraine, les objets nécessaires à sa parure, les colliers de perles, les bracelets, les coffrets pleins d'étincelantes pierreries, les parfums, et ce diadème qui devait lui être si fatal.

L'art parisien encadre aujourd'hui aussi délicatement, les riches miroirs de toilette qu'il produit, soit qu'il les entoure d'argent, soit qu'il les encadre dans la porcelaine enrichie de tout l'éclat que sait lui donner l'émail employé avec goût. Quelque richement entouré que fût le disque d'or poli que Popée, la belle impératrice, tenait à sa main, assise à sa toilette, quelle que fut la finesse des émaux qui décoraient le miroir de Diane de Poitiers, où la délicatesse des fleurs qui ornaient celui de la marquise Dubarry, certains produits des miroitiers actuels peuvent lutter avec eux. Mais ce sont là des œuvres rares, exceptionnelles, l'art industriel proprement dit, doit être étudié dans d'autres.

En créant la vie publique, la liberté et la concurrence conquises par la révolution firent à l'art et à l'industrie des conditions nouvelles, complétement différentes du passé. Les industries du luxe, qui jusqu'alors n'avaient produit que pour un petit nombre de privilégiés, dûrent travailler pour le plus grand nombre.

Le goût de tous s'épura avec l'instruction qui arrivait aux masses; le besoin du confortable et de l'élégance se répandît avec l'accroissement du bien-être et de la fortune publique. L'industrie de l'ameublement prit un développement énorme; l'industrie des glaces peut à peine fournir, malgré ses moyens de production, décuplés en quelques années, aux besoins du public.

Naguère encore elle ne songeait qu'à fabriquer des glaces qui pussent, doublées d'une feuille d'étain, servir à réfléchir les rayons lumineux, la production des glaces sans tain devenait tout à coup presque aussi importante.

Les magasins où le jour n'arrivait autrefois que par d'étroits châssis, cherchèrent à attirer l'attention de l'acheteur en étalant à ses yeux leurs plus séduisantes richesses, derrière des vitrines formées de glaces d'une transparence parfaite et de la plus grande dimension possible. Des monceaux de bijoux brillèrent aux yeux du public, derrière des voiles de verre si diaphanes, que l'œil les distinguent à peine et que plus d'une main avide a dû parfois s'étendre trompée par l'illusion.

On passe devant toutes ces merveilles de l'industrie, blasés par l'habitude, sans presque leur donner un regard ; et cependant qu'on mette une de ces glaces prise au magasin du premier coin de rue à côté d'un miroir de Venise ou auprès d'une glace fondue à Saint-Gobain dans le siècle dernier, et on jugera des progrès énormes qu'a fait l'industrie, aussi bien qu'en admirant la voûte transparente du palais de l'exposition ou du palais de cristal. Un grand seigneur, le plus prodigue de la cour de Louis XV, eût reculé devant la dépense énorme que lui eussent alors coûté les glaces mises aux croisées de son hôtel, et que le moindre boutiquier prévoit aujourd'hui dans ses frais obligés.

Si M. de Sartines, — qui ne pouvait malgré toute la surveillance du guet et de la maréchaussée, empêcher Cartouche et son innombrable bande de dévaliser, en plein jour, des magasins protégés par de puissantes grilles, — revoyait aujourd'hui tant de richesses exposées à la convoitise publique derrière de si faibles barrières, il serait bien forcé de se dire ou que la police est mieux faite et la répression plus efficace que de son temps, ou que nous avons un peu gagné en sociabilité. Les deux choses sont également vraies.

Le premier limonadier qui orna de glaces son café s'assura une renommée. Depuis, les glaces sont restées le luxe et l'ornement principal de ces établissements ; quelques uns ont dû leur fortune à la manière dont elles étaient disposées. Le Palais-Royal est un peu délaissé par le parisien depuis qu'un ruban d'asphalte de quelques centaines de pas a été reconnu pour le seul endroit possible que peut fouler un pied élégamment chaussé, et où la moustache d'un dandy peut sans déchoir tamiser la fumée d'un cigarre. Mais le café des mille colonnes n'a rien perdu de son prestige dans le souvenir du provincial ; il parle avec enthousiasme de ces longues galeries de colonnes que l'œil poursuivait à perte de vue dans la transparence des glaces, et au milieu desquelles s'agitait le vivant panorama des consommateurs. N'est-ce pas là, en effet, une de ces illusions qui semblent rêvées par l'imagination qui créa les mille et une nuits. Quel admirable spectacle, lorsque, dans une galerie ou un salon ruisselant de lumières dont chaque rayon s'accrochant aux saillies des cristaux qui scintillent dans l'or en rejaillit par faisceaux irisés, passent les couples de danseurs emportés par les enivrements de la musique, et que le regard poursuit leur tourbillon rapide et multiplié dans l'horizon de lumière, de splendeur, de beauté et d'animation que leur font les glaces habilement disposées.

Des fleurs, des lumières, des cristaux et des glaces, tel est l'ornement prodigué par le luxe et le goût aux salons et aux galeries de bal. Des glaces surtout, hautes et larges, mais d'une perfection parfaite. Un léger défaut peut n'avoir pas trop d'inconvénients pour réfléchir l'image de la personne qui s'approche pour se regarder, l'effet d'une ondulation légère est alors peu sensible, il n'en est pas ainsi d'une glace qui doit réfléchir des objets placés au loin, l'effet grandit en raison de la distance, s'exagère en se réflétant de glace en glace, de perspective en perspective, et finirait par rendre grotesques, contournées et ridicules, les beautés les plus parfaites, si deux glaces d'Allemagne s'en renvoyaient l'image.

En posant une glace on doit, nous le répétons, avoir moins pour but de remplir une place vide que de poser à sa place un meuble utile. Elle est toujours indispensable sur une cheminée. Dans le choix de la garniture qu'on placera sur la tablette, on doit, ce qu'on oublie un peut trop, songer qu'elle sera reproduite par la glace sous l'aspect opposé à celui auquel on la regarde, et que l'œil, l'enveloppant ainsi entière, ne doit trouver aucun aspect qui le choque.

L'espace qui sépare deux croisées d'une pièce qui n'est pas éclairée par des fenêtres correspondantes, est enseveli dans une pénombre augmentée par les rideaux qui tombent le long des embrasures. Une console, un piano le garnissent d'ordinaire, c'est la place d'une toilette, dans un logement restreint. Au-dessus de ces meubles est la place obligée d'une glace ovale, dans le style du mobilier qui garnit la pièce, et posée un peu inclinée afin que la personne assise devant le piano ou qui s'approche de la console pour prendre l'album à la mode ou déposer son bouquet, puisse d'un coup d'œil embrasser sa personne et au besoin la physionomie du cercle qui l'entoure.

En face d'une glace ovale ainsi penchée nous n'aimons pas une autre glace pareille ou un trumeau carré. Pour que les images qui se répètent et se multiplient de glace à glace, restent vraies et gracieuses, il faut que nulle déviation n'ait lieu dans la production des images, qu'elles aillent simplement, se rapetissant et s'échelonnant en perspective, en raison des distances auxquelles elles se forment, ce qui n'a plus lieu si, par la pose, la dimension ou la forme des glaces, il y a changement et déviation dans la reproduction des images ou des perspectives. Un tableau ne serait jamais bien éclairé dans l'endroit qui nous occupe, ce serait un manque de savoir et de goût impardonnables, que de l'accrocher ainsi contre la lumière.

Dans une chambre, les glaces doivent avoir leur pudeur, c'est là un chez soi où la femme vit à l'ombre, que la jeune fille habite, où, lorsqu'il en franchit le seuil, le visiteur pénètre dans la vie intime. Il faut que tout ce qui s'y trouve ait ce parfum de réserve, d'honnêteté, d'ordre, de chaste retenue qui entoure celle qui l'habite comme d'une auréole d'amour et de respect. La vie entière s'y écoule, tout changement qu'on y apporte enlève un souvenir, ôte une espérance ; nous la voudrions telle que la grand mère, entourée de ses petites filles, fleurs à peine épanouies, puisse retrouver dans ce milieu harmonique qui a vieilli avec elle, les souvenirs lointains de sa jeunesse. Tout doit y être intérieur, les glaces prodiguées y choqueraient.

Un salon est au contraire fait pour la vie presque publique ; quand elle y entre, la femme quitte l'intimité de la famille pour le monde. Elle est parée pour recevoir ; tous les luxes, toutes les délicatesses doivent être offerts aux visiteurs. C'est la place des glaces qui multiplient les images de la beauté, les effets de la toilette qui reflètent les diamants comme les lumières, qui ne laissent obscurs que les coins où l'on s'isole pour une plus intime causerie. En les posant, on doit surtout chercher à agrandir et à augmenter l'effet de l'ameublement et la grandeur de la pièce, mais en évitant avec soin qu'on reconnaisse que l'effet obtenu n'est dû qu'au prestige, à l'affectation. Pour la pose d'une glace comme pour celle d'un tableau, la lumière doit guider, elle réfléchit les rayons d'après l'angle d'incidence qui les lui amène ; s'ils lui arrivent diffus ou qu'ils se croisent au devant d'elle sans l'atteindre, l'espèce de pénombre qu'elle réflète alors semble encore obscurcir la place qu'elle occupe ; mais si l'on se pose en face d'un miroir ainsi placé, en recevant en plein un faisceau lumineux, l'image qu'il reproduira sera d'autant plus nette et plus tranchée qu'elle se détachera sur un fond rempli d'ombre.

Ce sont là de simples notions que nous nous excusons de donner à nos lecteurs, mais qu'il sera cependant souvent utile de se rappeler. Tout attriste, tout choque malgré soi, et presque à son insu, dans un appartement mal éclairé, et, souvent, pour changer cette impression mauvaise en humeur joyeuse, il ne faudrait que le simple déplacement d'une glace.

Dans l'harmonie de l'ameublement, la glace est trop souvent regardée comme une chose à part, et qui n'a pas de style ; c'est une erreur, une erreur grave ; nous avons déjà tâché de la combattre. Nous insistons sur les désharmonieux effets qu'elle peut produire, en ayant, comme verre et comme miroir, toutes les perfections qu'on est en droit d'exiger d'après les progrès de l'industrie. La glace doit s'harmonier par sa forme, sa bordure, son ornementation avec l'ameublement et la destination de la pièce où on la pose. L'acheteur doit, sur ce point, consulter le miroitier qui, s'il n'est pas simple vendeur, saura éclairer et guider son choix.

Dans cette course à travers glaces nous avons omis bien des choses que nous révèlerait un miroir qui publierait ses mémoires, mais il est aussi discret que fidèle. Il dit la vérité, parfois cruelle, à ceux qui l'interrogent, mais sa réponse faite il oublie ; parfois aussi un souffle pudique éteint la lumière qui l'éclaire, alors les images se perdent dans l'ombre, nulle main ne doit écarter le voile qui cache ces chastes pudeurs ou ces poignantes leçons.

CHAPITRE V

Les souffleurs. — Fabrication des glaces. — Fusion. — Affinage. = Soufflage. — Coulage. — Polissage. — Etamage.

Il y a un siècle à peine, Cagliostro faisait de l'or sur un réchaud soufflé par le cardinal de Rohan, et était emprisonné, comme magicien, dans les saints cabanons de l'inquisition romaine. Un ou deux siècles plus tôt ces pratiques occultes l'eussent fait bel et bien brûler en place de Grève. Alchimistes, compagnons de l'œuvre, chercheurs de la poudre de projection et de la pierre philosophale ou simples fondeurs de métaux, toute cette classe de gens attisant le feu sous un creuset où se transformaient sous l'action de la chaleur et par des réactions chimiques encore inexpliquées, des matières premières, en produits plus ou moins précieux, étaient désignés par le peuple sous le nom générique de souffleurs, et entourés d'une supersticieuse et craintive considération. On les regardait comme ayant des accointances plus ou moins régulières avec le malin esprit, et chacun d'eux avait, disait-on, à son service plusieurs esprits élémentaires qui l'aidaient dans ses mystérieuses opérations. Les verriers, tout gentilshommes qu'ils étaient, sentaient le roussi et faisaient partie du grand branle qui courait au sabat ; leur gosier, disait-on, pouvait facilement avaler et vomir le verre en fusion, parce qu'il était déjà habitué à supporter le feu de l'enfer. On se montrait les vitraux qui manquaient aux verrières des cathédrales sans qu'il fut possible de les remplacer, parce que le diable avait emporté celui qui les avait fondus afin que, son œuvre achevé, Notre-Dame ou un des saints qu'il avait représentés, ne l'arrachassent pas à ses griffes.

On conçoit en effet qu'à cette époque d'étranges croyances, à l'aspect de ces vitraux où l'imagination la plus fantastique avait représenté, en couleurs flamboyantes, tous les supplices des damnés se tordant dans les flammes, en groupes hideux ou grotesques, avec leurs impitoyables tourmenteurs ; en voyant planer au-dessus tous les saints du paradis noyés dans des flots de lumière et d'azur, la foi naïve des fidèles fut vivement impressionnée, et qu'en voyant passer l'artiste, ils disent comme les enfants de Florence à l'approche du Dante : voilà celui qui a été en enfer.

Les verriers faisaient d'ailleurs tout espèce de pierres précieuses, et les Italiens qui se moquaient naguère des Français parce qu'ils ne savaient pas distinguer un diamant d'une pierre fausse, ne riaient plus en se voyant, dès le seizième siècle, dépassés dans leur art favori par les fabriques de France. Or, pour transformer des cailloux et des cendres en diamants, ne fallait-il pas être aidé par une intervention diabolique. Lorsque, au seizième siècle, l'usage des glaces commença à se généraliser, et dès cette époque on en fabriquait autant en France qu'à Venise, une curiosité ardente naquit au sujet de cet art, et elle n'était pas éteinte lorsque l'encyclopédie vulgarisa la connaissance de tous les procédés employés à leur fabrication. Dans son histoire du diocèse de Paris, Lebœuf raconte qu'un gentilhomme espagnol venant de visiter Saint-Germain apprit à son retour à Paris qu'il y existait une manufacture de glaces, il sauta aussitôt sur son cheval encore bridé et partit tout d'une traite pour aller admirer cette fabrication dont on lui avait raconté tant de merveilles.

Aujourd'hui on se rit des pratiques magiques, et on n'a plus pour les verreries l'ardente curiosité qui animait l'Espagnol. Dans ces ouvriers qui soufflent le verre en fusion et agitent fantastiquement au bout de leurs baguettes creuses, des globes étincelants, on ne voit plus que des malheureux condamnés par la chance de la vie à un travail mortel, mais si le prestige de la superstition et la curiosité de l'inconnu n'entourent plus le maître verrier, ses procédés n'offrent pas un intérêt moins grand quoique mieux raisonné.

Chimiquement, le verre est composé d'un

ou de plusieurs sels, tels que les silicates à base de potasse, de soude, de chaux, d'oxyde de fer, d'alumine, d'oxyde de plomb et d'oxyde de zinc, etc.; ils sont employés en diverses proportions et au nombre de deux, trois ou quatre à la fois. Les silicates alcalins, soude et potasse, sont d'autant plus fusibles que la base s'y trouve en plus forte proportion; les plus fusibles des autres silicates employés, exigent un feu de forge pour se fondre. Ces différents silicates réagissent les uns sur les autres et se modifient réciproquement; ils deviennent plus stables, moins fusibles, moins sujets à cristalliser; c'est à l'aide de leurs mélanges et de leurs dosages complexes qu'on obtient dans les verreries et les cristalleries les différentes qualités de verre et de cristal. Les verres teints par des silicates colorés, mélangés à dessein ou accidentellement pendant qu'ils sont fondus, sont employés dans l'art *de la peinture sur verre*. Réduits en poudre excessivement fine et très-fusible, les verres teints sont mêlés dans la masse qu'on fait fondre, ou broyés avec l'essence de thérébentine, ils forment alors la couleur à étendre avec le pinceau, sur les feuilles de verre. Mises au four, les lames ainsi peintes peuvent supporter sans se fondre la température qui fond la couleur, et la fait adhérer suffisamment au verre qu'on a voulu peindre.

Nous ne pouvons ici, sans sortir de notre sujet, entrer dans des détails chimiques ni poursuivre l'étude des six ou sept différentes espèces de verre qu'on distingue. Nous avons mentionné le verre peint et nous dirons un mot de l'émail qui n'est qu'un silicate et un antimoniate de potasse et de soude, parce qu'ils servent parfois à la décoration des miroirs ; mais nous n'étudierons que la fabrication des glaces, en ayant soin d'éloigner le plus possible le langage trop technique.

Le verre à glace est à base de soude et de chaux. On fait entrer dans sa composition des sables très-blancs et très-fins, et à défaut de sable on se sert de grès tendres, blancs et bien pulvérisés, les pierres à fusil, le silex ou les quartz calcinés, *étonnés* (c'est-à-dire chauffés au rouge et jetés dans l'eau froide qui les fait fendiller) et mis en poudre peuvent servir à la fabrication du verre à glace.

On apporte le plus grand soin dans le choix

et la préparation des sables ; la blancheur n'est pas regardée comme un indice suffisant de leur pureté, on en étudie la composition, on les lave à plusieurs eaux, et le lavage n'est considéré comme complet que lorsque le sable se précipite rapidement au fond, et que l'eau surnageant n'est plus blanchâtre ou laiteuse, qu'elle reste, au contraire, entièrement limpide.

Le sable est ensuite mis à égoutter, puis desséché sur une aire formée de plaques en porcelaine, et chauffée par les gaz perdus de la combustion des divers fours. Dans quelques usines on effectue la dessication des sables sur des plaques en fonte, mais on s'expose alors de colorer les glaces en brun verdâtre par suite de l'oxydation des plaques et de l'introduction des matières ferrugineuses. Lorsque le sable est très-sec on l'emploie dans les mélanges.

On met trois parties de sables pour une partie de natron ou carbonate de soude tamisé, et le plus pur possible ; parfois on remplace le carbonate de soude par le sulfate de soude raffiné, et lorsqu'on veut obtenir une teinte très-blanche, on remplace, en partie, la soude par la potasse qui, outre qu'elle détruit la teinte verdâtre ou bleuâtre qu'offrent toujours les glaces, permet d'augmenter sans inconvénient la dose de la chaux que l'on emploie en faible quantité pour éviter la dévitrification.

On se procurait d'abord la soude et la potasse par la combustion de quelques plantes terrestres et des arbres, surtout des cendres de fougères ; lorsqu'on l'obtint de la barille, ou par la combustion des varechs, des fucus ou autres végétaux marins, la composition des verres fit un grand progrès, ceux des Vosges et du Lyonnais furent moins jaunâtres, celui de l'Armagnac devint moins verdâtre. Les soudes d'Amérique firent bientôt pâlir la réputation de celles de Narbonne et d'Alicante ; mais lorsque la révolution obligea la France de trouver dans son sein non-seulement des forces pour vaincre l'Europe entière, mais encore des matières premières pour alimenter son industrie qui en manquait, elle sut bientôt trouver le soufre et le salpêtre qu'elle tirait avant de l'étranger, pour remplir ses arsenaux, et ce fût dans cette nécessité suprême que les plus grandes opérations manufacturières prirent leur source.

Le même élan national qui avait fait forger, au faubourg Saint-Antoine, dix mille piques en une nuit, qui faisait décréter, par la Convention, des victoires que couraient remporter, aux frontières, des héros de vingt ans, des soldats sans souliers et sans solde, avait allumé la fièvre du travail dans tous les ateliers; le génie de la liberté électrisait de son souffle, législateurs, généraux, savants et ouvriers. La chimie s'ouvrait de nouvelles voies, le soufre, l'alun, le salpêtre jaillissaient du sol de la France; les pyrites, les schistes, les vieilles murailles, les terres des écuries devenaient des sources inépuisables; la soude enfin était tirée du sel marin. Leblanc inventa le moyen de fabriquer la soude artificielle.

Lorsqu'en voulant montrer à l'Angleterre la puissance de notre génie industriel, la Convention décréta les premières expositions nationales le peuple et les connaisseurs restèrent en admiration devant une glace, véritable chef-d'œuvre par ses dimensions et sa pureté, préparée avec des soudes extraites en France. Dans les arcades du Champ-de-Mars furent exposés des glaces et des cristaux à chaque degré de fabrication, dans lesquels la soude artificielle entrait seule.

Les nations qui avaient cru pouvoir anéantir notre industrie et notre commerce, furent obligées plus tard d'emprunter, pour soutenir leur propre industrie, les grands moyens d'action que la science française avait enfantés, comme elles sont toutes obligées de chercher la civilisation et l'avenir, dans les idées que portait dans ses plis, ce drapeau qu'elles combattirent avec une si jalouse fureur.

Mais avant cette découverte, les lacs salés de l'Égypte et de la Syrie qui avaient fourni le natron aux verriers d'Alexandrie et de Sidon, ceux de Hongrie qui fournirent aux verres de Bohême celui qu'ils employaient, et plus tard les lacs salés d'Amérique fournissaient nos verreries de carbonate de soude, qu'on mêlait avec le sable et une petite quantité de chaux auxquels on ajoutait, comme aujourd'hui pour aider la fusion, de calcin ou groisil (verre à glace pilé) en quantité égale à celle du sable.

Ce mélange et ces dosages sont faits avec le plus grand soin dans une chambre spéciale et sous les yeux du maître verrier, qui par l'emploi convenable de certaines proportions, de borax, de minium, de blanc de zinc, de sulfate de Baryte et de chaux fluatée, sait aujourd'hui ajouter de belles qualités aux verres pour glaces.

Le mélange est alors mis dans des espèces de pots ou cuvettes, ou creusets, dont les formes varient suivant les usines et vers le milieu desquels on ménage un enfoncement nommé ceinture, par où on les saisit avec les tenailles, lorsqu'on veut les placer ou les retirer des fours. On en place dix ou douze d'une contenance variable dans des fours d'une forme circulaire. On se servait autrefois du bois, on emploie aujourd'hui la houille sans inconvénient aucun ; mais quel que soit le combustible, les fourneaux doivent être chauffés vite et fort à l'aide d'un grand tirage. On ne peut, en effet, augmenter au-delà d'un certain degré la dose de la base alcaline, qui rend la fusibilité plus facile et donne une fluidité plus grande, sans rendre les glaces trop hygroscopiques ; elles s'altèreraient peu à peu et perdraient leur poli. Ce fût le défaut qu'on reprocha, surtout, aux glaces anglaises, remarquables d'ailleurs par leurs grandes dimensions, à l'Exposition universelle de 1851.

La matière diminuant beaucoup de volume par la fusion, on introduit d'abord dans les pots, le tiers ou le quart de la quantité qu'ils peuvent contenir; quand ce premier tiers est fondu, on y met le second, puis on ajoute le reste. La fusion et l'affinage du verre ont lieu dans la même cuvette, l'opération dure de 20 à 24 heures; pendant les trois dernières heures, on cesse d'attiser le feu, on bouche les ouvreaux. La matière acquiert alors le terme de son affinage et prend la consistance utile, c'est ce qu'on appelle *faire la cérémonie.*

Lorsqu'on s'est assuré que la préparation est convenablement terminée et que le verre prend de lui-même la consistance requise, il faut procéder au soufflage ou au coulage des glaces et c'est dans la découverte de ce premier procédé, que consiste les progrès énormes apportés par Lucas de Nehou, dans l'industrie des glaces.

Le soufflage fut connu des premiers verriers, on le retrouve, nous l'avons dit, dans les peintures qui remontent en Égypte, aux premières dynasties. Lorsque la frite est fondue, affinée et écrémée, c'est-à-dire qu'on a enlevé, écumé les scories formées sur la cuvette, le verrier y plonge sa flûte ou canne (1), « et l'aspire, disent les anciens traités, comme un enfant aspire l'eau de savon avec un chalumeau, souffle dedans et en fait sortir un grand globe de verre, et pour faire les vitres l'aplatit sur une table de marbre, pour le verre en table, le verrier roule sur une plaque en fer le verre sorti de sa fêle, en forme un cylindre qu'il fend longitudinalement et qu'il porte au four, où ce cylindre s'ouvre à la chaleur en mince feuille de papier. »

Depuis son invention, ce procédé est à peu près resté le même; en France seulement, il a été modifié. Lorsque le verre est affiné et qu'on a eu puisé au moyen de la canne la quantité qu'on veut souffler, on refroidit cette masse de verre en la plongeant dans l'eau et en tournant rapidement en sens divers. Ainsi refroidie, elle est portée de nouveau à l'ouvrier pour la réchauffer et ramollir l'extrémité. Lorsque le verre est assez mou, l'ouvrier le retire et le tourne dans l'eau de manière à former une sphéroïde,

---

(1) Tube de fer revêtu de bois, à partir du milieu, afin qu'il soit moins chaud aux mains et aux lèvres.

8

il retire alors la canne et lui fait décrire le mouvement d'un battant de cloche, en soufflant toujours. Le globe s'allonge et prend la forme d'un cylindre.

La pièce a obtenu l'étendue nécessaire après avoir été réchauffée et soufflée trois ou quatre fois. On pratique alors une ouverture à l'extrémité du manchon en dilatant par la chaleur l'air qu'il contient, et on agrandit cette ouverture en tournant vivement et faisant faire à la canne le battant de cloche, jusqu'à ce qu'elle soit égale au diamètre du cylindre. On détache alors la cloche de la canne et on découpe le cylindre de manière qu'il soit de grandeur convenable; on le fend ensuite dans toute sa longueur et on le porte dans le four à étendre. Lorsque la chaleur l'a ramolli, le verrier affaisse à droite et à gauche les deux côtés, qui cèdent facilement, et lui donne les surfaces planes au moyen d'un rabat en bois et à manche qu'il fait glisser rapidement. Le verre à vitres et le verre en table reçoivent les mêmes façons.

Les plaques de verre obtenues par le procédé de soufflage sont, on le voit, de dimension forcément restreinte. Le mode de dressage trop imparfait laisse toujours aux surfaces les ondulations qu'on remarque dans presque tous les miroirs vénitiens. Il devait donc être remplacé comme procédé industriel.

Il est désastreux au point de vue humanitaire ; le soufflage du verre ruine avec rapidité les poitrines les plus robustes, l'effort des poumons, l'aspiration d'un air enflammé chargé d'émanations alcalines, métalliques, souvent arsenicales, ont vite usé la vie d'un souffleur, ils tombent à la peine ; et le quinzième siècle effrayé de ces morts rapides, cherchait sur le corps de ces martyrs du travail, la trace des griffes de satan. Heureusement notre époque sait trouver des moyens pour combattre le diable et ses vieux ministres : l'ignorance et la misère. Un simple ouvrier de Baccarat, M. Robinet, conçut l'idée de remplacer la poitrine par une machine soufflante, il réussit, et en 1834, l'Académie des sciences récompensa son invention par le prix Monthyon destiné aux découvertes qui feraient disparaître les dangers d'une profession insalubre.

En 1685, Colbert présenta à Louis XIV une glace de trois mètres de côté, taillée dans une seule table de verre, sans bulles ni stries ; elle avait été fondue dans les fonderies de Tourlaville et façonnée par un hardi procédé. Colbert voyait dans cette découverte une industrie nouvelle assurée à la France ; l'inventeur fut appelé à Paris. Au lieu de souffler le verre en fusion, Lucas de Nehou le versait sur une table en métal, bordée de deux règles de fer de la même épaisseur que celle qu'il voulait donner à la glace, et avant que la frite fut froide il promenait sur la masse un lourd rouleau qui l'aplatissait et la distribuait également dans toutes les parties, sur tous les points de la glace, comme dit le brevet qui fut accordé à cette découverte, — en rappelant peut-être l'instrument qui en donna l'idée, — comme le rouleau du pâtissier abaisse, étend et égalise la pâte sur laquelle on le promène. Depuis, on suit le même procédé, sauf quelques améliorations des détails de l'outillage et les dimensions augmentées des tables à couler.

Sous les auspices de Colbert une compagnie puissante se forma pour exploiter les privilèges que le roi accordait à la nouvelle invention. La première manufacture fut établie à Paris, puis en 1691 à Saint-Gobain, elle devait servir, comme nous le verrons, de modèle à toutes celles qui se sont créées depuis. Les brevets et les privilèges furent accordés au nom d'Abraham Thévard, représentant des capitalistes, celui de l'inventeur fut laissé dans l'ombre, mais Lucas de Néhou dirigea tous les travaux de la nouvelle manufacture, le souvenir des ouvriers conservait fidèlement sa mémoire ; des titres authentiques découverts à Saint-Gobain ont établi ses droits aux yeux de la postérité.

Pendant les cinquante premières années, le procédé de coulage ne donna que des résultats imparfaits, des glaces irrégulières, souvent de mauvaise qualité. En 1756, Pierre Deslandes reconstruisit les halles de coulage, et apporta à l'industrie des glaces de grandes améliorations; tant sous le rapport de la qualité qu'au point de vue de la couleur du verre. Les noms de Néhou et de Deslandes sont restés en vénération à Saint-Gobain, tous les anciens ouvriers les considèrent comme les fondateurs de la prospérité de l'établissement.

Voici comment on opère le coulage des glaces. Pendant que le verre prend dans le creuset, la consistance que lui donne la cérémonie, on chauffe pendant trois ou six heures la table de coulage, le cylindre et les fours de récuisson, jusqu'à la température du ramollissement du verre.

La table est en fonte, moulée et dressée d'une seule pièce, d'après les procédés Thiébault, (récompensé à l'exposition de 1827,) d'une épaisseur de vingt à vingt-deux centimètres. La face doit être parfaitement plane et unie, les transitions de température qu'elles éprouvent rendent le travail du rabot souvent nécessaire, leur dimension est ordinairement de cinq à six mètres de long sur trois de large; leur prix est très-élevé. A Saint-Gobain, il en existe une pesant vingt-six mille kilogrammes, qui a coûté cent mille francs. On ne coule pas plus de six glaces de suite sur chacune de ces tables. L'épaisseur des glaces est déterminée par des tringles en fer posées sur la table au moment du coulage, et marquant par leur écartement la largeur et la longueur des glaces.

Les tables sont portées sur un charriot à quatre roues, roulant sur un chemin de fer

— 139 —

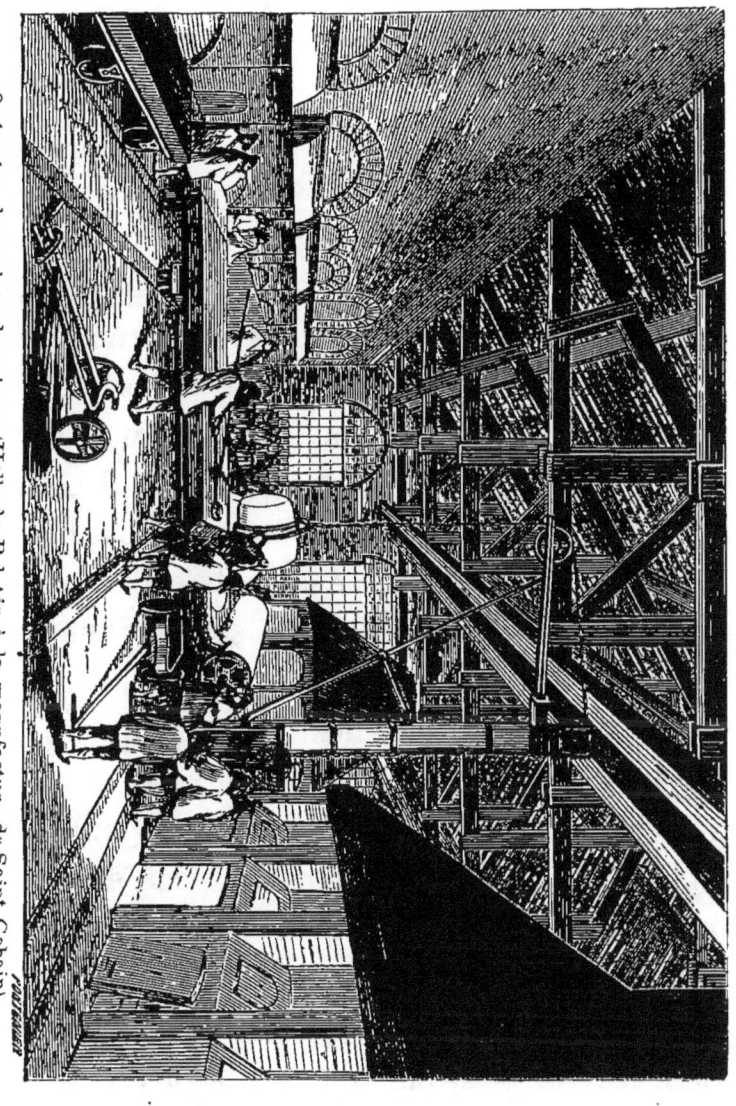

Opération du coulage des glaces (Halle du Bel-Air à la manufacture de Saint-Gobain).

dans toute la longueur de la halle, et pouvant être dirigé à volonté du four d'affinage à celui de recuisson ou carquaise, chauffé au rouge brun.

Le creuset est retiré du four à l'aide de pinces et de fortes tenailles, et porté sur un charriot auprès de la table, où, à l'aide d'une grue, les ouvriers le versent après l'avoir écrémé, le long du rouleau. Aussitôt que le pôt est vidé, on met le cylindre en mouvement, il roule sur les tringles et sur le verre épanché qui cède facilement au poids de ce cylindre, et s'établit dans toute la longueur de la table en remplissant uniformément l'espace qui se trouve entre les tringles.

Le diamètre de ce rouleau est de quarante à soixante centimètres, il est creux, de la largeur de la table, son poids varie entre mille et mille cinq cents kilogrammes ; il doit être en fonte, bien tourné, exempt de soufflures et de tout défaut. Il est remis sur son chevalet aussitôt qu'il a parcouru la glace entière. On ôte alors les tringles, on taille les bavures, et on procède à l'introduction de la glace dans le four de recuisson.

Lorsqu'on expose le verre fondu à un refroidissement brusque, il devient très-cassant (1), lorsqu'on le soumet, au contraire, à un refroidissement très-gradué, il devient capable de résister, sans se rompre, à des chocs assez forts, ainsi qu'à des variations de température assez brusques. On a comparé ces phénomènes à ceux de la trempe de l'acier. On place donc les glaces dans des fours spéciaux qu'on nomme carquaises, et on les abandonne à un refroidissement prolongé, après avoir fermé toutes les issues. Ces carquaises sont formées, ordinairement, de longues galeries à plusieurs foyers, les issues en sont fermées, et ce n'est qu'après vingt heures qu'on les ouvre, après avoir fait lentement et successivement passer la glace à tous les degrés de chauffage jusqu'à ce

---

(1) C'est ainsi que se forment les larmes bataviques et les fioles philosophiques, qui se brisent avec éclat au moindre choc, au moindre changement de température, en déterminant une sorte de pulvérisation du verre. Souvent les vitres, les verres, les glaces éclatent ainsi en innombrables débris sans aucune cause apparente. C'est sans doute ces effets, inexplicables naguère, qui avaient fait adopter cette croyance que les coupes en verre de Venise se brisaient lorsqu'on y versait du poison.

que la main puisse en supporter la température.

Lorsqu'on met les glaces dans les carquaises elles sont encore tendres et il se forme souvent des refoulements, des ondulations ; souvent aussi il se forme des fissures sur leurs bords, le dresseur y remédie en visitant les fours à une température qui n'est pas moindre de 50 à 60 degrés, puis au bout de deux ou trois jours on les retire des fourneaux et on les visite pour marquer tous ces défauts, en les découpant de manière à les éliminer avec le moins de perte possible.

On réduit alors la glace à ses dimensions utiles à l'aide du diamant en rabot, puis on la scelle avec du plâtre sur une table de pierre, et on la frotte avec une autre glace plus petite, fixée sur un moëllon pyramidal servant de molette, en interposant du sable quarteux gros pour dégrossir la surface, puis on les porte sur une table et on les doucit en les frottant avec du sable, puis de l'émeri graduellement plus fin jusqu'à ce que la surface soit bien plane et bien doucie. Cette dernière opération est faite ordinairement par des femmes ; jusqu'ici elle n'a pu être faite mécaniquement.

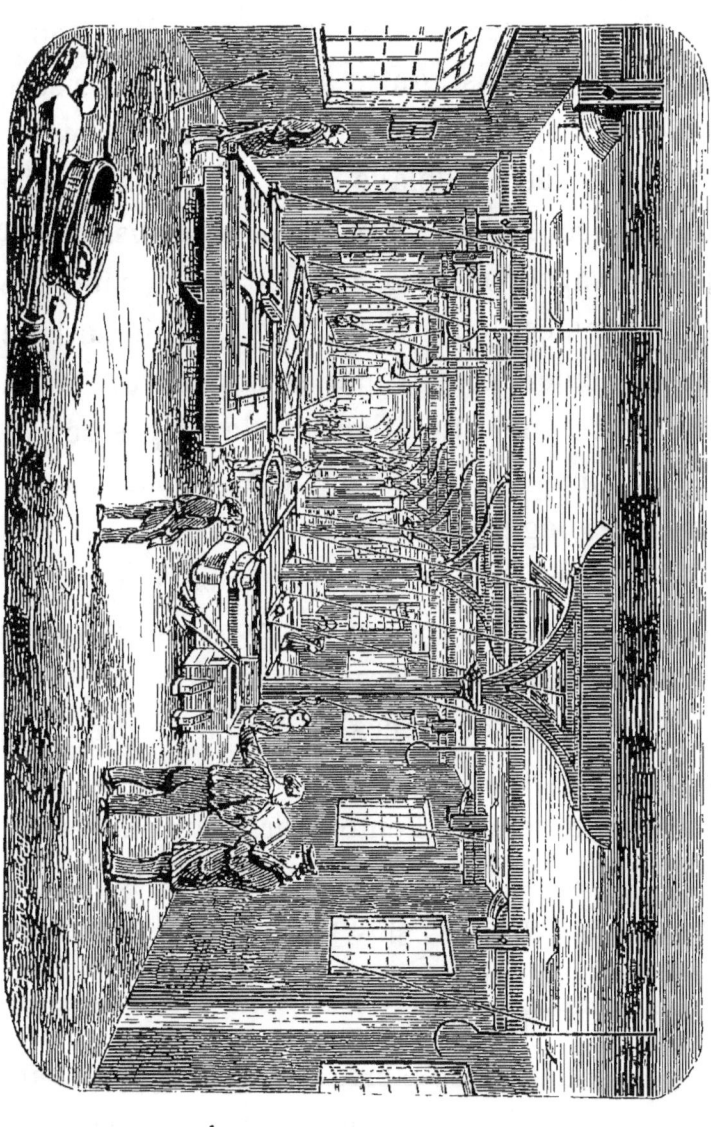

Opération du deucissage des glaces à la manufacture de Saint-Gobain.

Le polissage est ensuite fait mécaniquement, en frottant les glaces au moyen d'un lourd polissoir en bois, garni à sa partie inférieure de feutre épais, imbibé de rouge d'Angleterre ou oxyde de fer délayé dans l'eau. Pour polir une glace sur les deux faces, un polissoir mu par la vapeur met 24 à 40 heures. Quand elle est terminée, on descelle la glace, on la lave avec l'acide chlorydrique étendu d'eau, et on lui donne une estimation, si elle n'a pas besoin d'un polissage supplémentaire pour perdre quelques légers défauts.

Les glaces qui doivent être alors employées sans tain sont livrées, celles qui doivent servir de miroir sont envoyées à l'étamage.

L'étamage des glaces a fait peu de progrès, vainement on a cherché à remplacer le mercure, il faut encore l'employer ; l'argent réduit en nitrate n'a pu jusqu'à ce jour être industriellement employé que pour les miroirs convexes ou concaves, pour les globes de verres argentés à l'intérieur.

Sur une table de pierre dure, qui portée par une espèce d'essieu prend toutes les inclinaisons qu'on veut lui donner, on étend une feuille d'étain de la grandeur de la glace et on fait en sorte qu'elle s'y applique bien en la tamponnant ; après quoi on verse du mercure dessus. Ce métal s'amalgame avec l'étain, et lorsqu'on coule doucement et horizontalement la glace sur l'excès de mercure que l'étain n'a pu absorber, le vide, s'établissant entre la feuille et la surface du verre, détermine une adhérence complète de ces deux surfaces. On charge la glace avec des pierres fort pesantes. Cela fait, on incline successivement la table, afin de faire couler le mercure, et quand la feuille d'étain a presque recouvré sa siccité, la glace est propre à réfléchir les rayons lumineux. Il ne s'agit plus que de la laisser sécher quinze à vingt jours.

Les deux opérations capitales de la fabrication des glaces, sont la fonte et le polissage, la première parce qu'elle donne au verre toutes ses qualités, la seconde à cause du temps, des soins qu'elle demande et des frais qu'elle occasionne. Dans le dernier siècle, on s'est beaucoup occupé de la teinte convenable à donner aux glaces, aujourd'hui on cherche, avec raison, à leur donner la plus parfaite transparence et à détruire la coloration dans le verre. On doit agir ainsi, puisque la réflexion s'effectue sur la lame de tain adhérente à la seconde surface du verre. Les appareils mécaniques employés au dressage et au polissage rendent les glaces plus parfaites.

Telles sont d'une manière succinte les différentes opérations que comporte la fabrication des glaces dans les établissements où nous allons suivre rapidement le développement qu'a pris cette industrie.

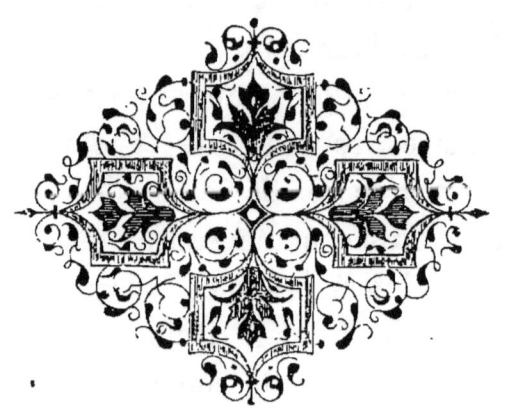

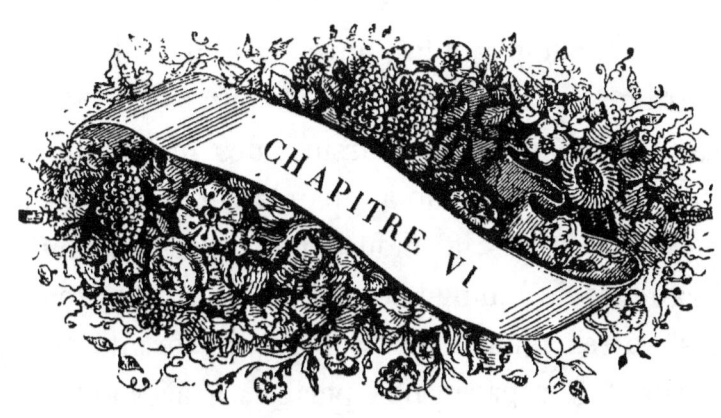

CHAPITRE VI

Saint-Gobain. — Cirey. — Monthermé. — Prémontré. — Montluçon. — Les manufactures étrangères. — Expositions universelles.

Nous n'écrivons pas un livre d'histoire et nous n'avons pas la prétention de donner à nos appréciations en dehors de notre art, plus de portée qu'elles ne méritent. Cependant, même dans ce modeste opuscule, nous ne voudrions pas porter atteinte à la gloire d'un des ministres auquel la France doit le plus et nous craignons d'avoir été un peu injuste en parlant de Colbert; sans doute, ce grand ministre chercha trop à régler l'industrie et le commerce sur le même modèle que les bureaux d'une administration. Au lieu de laisser chacun se diriger à sa manière dans la poursuite des intérêts privés, il s'attacha trop à répandre les priviléges, cette plaie de la monarchie, sur certaines branches de l'industrie, tandis qu'il chargeait les autres d'entraves. S'il eut le tort en travaillant à réparer nos pertes, à accroître le nombre de nos manufactures, à enrichir notre industrie de nouvelles découvertes, de ne pas s'arrêter à un plan de liberté, d'égalité et de justice, c'est à lui, il faut le reconnaître, que l'on doit les plus grands progrès accomplis dans les siècles passés. S'il ne créa pas l'industrie qui nous occupe, il lui donna la forte impulsion qui depuis ne l'a jamais abandonnée.

Lorsque Lucas de Nehou eut parcouru l'Allemagna, visité Venise et surpris la plupart des procédés de Murano, il rentra en France suivi de quelques compagnons verriers, possesseurs comme lui, de la plupart des secrets de leur art. Le ministre les accueillit fort bien et leur accorda un privilége et une avance de fonds et leur concéda l'emplacement qui leur conviendrait le mieux pour leur entreprise. Ils acquirent la verrerie d'Outreville, près Cherbourg, et s'y établirent en 1665, ils s'attachèrent d'abord minutieusement à suivre dans tous leurs détails les procédés employés au Murano ; leurs glaces eurent toutes les qualités et tous les défauts de celles de Venise. Le soufflage ne pouvait leur donner que des glaces d'une dimension restreinte, si l'on voulait les souffler de plus grande dimension, le polissage les rendait trop minces, il était impossible d'éviter dans le dressage de fâcheuses ondulations.

Ce fut alors que Lucas de Nehou conçut et réalisa le hardi projet dont nous avons parlé, il coula les glaces sur la table en fer, applatissant la fritte encore brûlante, mais ayant acquis une consistance convenable, sous un cylindre en fer roulant sur des tringles, comme le rouleau du pâtissier abaisse et aplatit la pâte destinée au feuilletage.

François-Abraham Theward, initié à cette fabrication, demanda au gouvernement un privilége pour couler les glaces et en faire de plus grandes que celles qu'on avait fabriquées jusqu'alors. Il obtint en 1688, en son nom, un privilége pour trente ans, Lucas de Nehou et quelques-uns de ses compagnons vinrent à Paris, où furent coulées les premières glaces auxquelles on donnait 84 pouces sur 50.

Colbert était mort depuis trois ans; mais la découverte nouvelle répondait trop bien aux besoins du luxe qui régnait à l'époque, pour qu'elle n'assurât pas un rapide développement à l'industrie qu'il avait si grandement privilégiée. La fabrication des glaces prit un accroissement si rapide, qu'il se forma au bout de trois ans une compagnie pour l'exploiter. En vertu de son privilége, Abraham Theward, fut seul en nom dans la nouvelle compagnie. De Paris, la manufacture fût transportée en 1691, à Saint-Gobain, ancien fief de la maison de Coucy, situé au milieu des forêts de Lafère où elle est encore. Lucas de Nehou fut un des directeurs.

Cependant les cinquante premières années, les produits donnés par le coulage ne donnèrent pas tous les résultats qu'on pouvait en espérer. Excepté les dimensions et l'épaisseur, les glaces qui nous restent de cette époque ne sont pas plus parfaites que celles produites par le procédé de coulage; on voit que l'industrie traversait alors cette pénible période de tâtonnements, d'essais infructueux, d'indécision dans les manœuvres que doit subir fatalement toute découverte avant d'atteindre l'avenir auquel elle est appelée. Nous avons vu combien d'opérations devait subir une glace avant d'orner un salon ou de refléter le sourire de la coquette qui se penche vers elle ; nous n'avons pu entrer dans les détails qui auraient fait comprendre combien de soins minutieux sont nécessaires pour arriver à un bon coulage, combien de précautions doivent être prises pour que la recuite donne au verre toutes ses qualités, sans changer d'une manière complète aucun des procédés primitifs. Deux siècles de progrès constants ont été nécessaires pour amener le degré de perfection qu'ont atteint les glaces de Saint-Gobain.

En 1756, Pierre Deslandes reconstruisit les halles de coulage et apporta à l'industrie des glaces de grandes améliorations, tant sous le rapport de la qualité et du travail, qu'au point de vue de la couleur du verre. Il était aidé par les lumières de la chimie, qui devenant enfin une science positive, lui permettait de mieux apprécier les matières premières employées et de se rendre un compte plus exact de l'effet des oxides métalliques fondus dans la masse vitreuse. Les glaces conservaient une teinte verte ou jaunâtre qu'on cherchait à faire disparaître, et pendant plus d'un demi-siècle on voulut la remplacer par une autre qui fut convenable. C'était mal placer le but auquel on doit tendre, on l'a reconnu et aujourd'hui on cherche avec raison, à leur donner la plus parfaite transparence et à détruire la coloration dans le verre. On doit agir ainsi, puisque l'image se forme sur la lame de tain appliquée sur la seconde surface de la glace.

Par la reconstruction des halles de coulage et par les améliorations apportées dans les procédés de fabrication, Deslandes avait assuré la prospérité de Saint-Gobain. Cette manufacture devait, dès lors, servir de modèle à celles qui s'établiraient en France et à l'étranger.

Buckingham avait tâché d'attirer en Angleterre des artistes que Colbert avait fait venir de Venise, en leur prodiguant l'or et les faveurs, et qui loin d'être utiles à nos manufactures, finissaient par les prétentions et les désordres, dans lesquels les laissait tomber une tolérance excessive, par y apporter le trouble et l'insubordination. Une lettre du ministre prouve qu'il fut heureux de les voir partir; mais ils ne sûrent pas porter en Angleterre leur industrie, ce ne fut qu'après la fondation de Saint-Gobain que les verreries de Ravenheard, duché de Lancastre, s'établirent sur son modèle. Nous vîmes les deux manufactures rivales en présence, lors des Expositions de 1851 et 1855, celle de France conserva une supériorité incontestable.

L'Espagne demanda à la France des artistes qui la dotassent d'une industrie qui allait toujours grandissant. — Ce furent des Français qui y établirent la manufacture royale de Saint-Ildefonse, qui fournit bientôt à l'Escurial et aux palais royaux les glaces qui rivalisent avec celles qui décorent Versailles et Fontainebleau.

Saint-Pétersbourg eût ensuite sa manufacture impériale, où l'art du verrier fut apporté par des maîtres formés à Saint-Gobain; les produits, remarquables par leur grandeur, peuvent être admirés à côté de ceux des manufactures ses devancières.

L'Amérique, enfin, a reçue cette industrie des Français, qui ont établi des manufactures aux États-Unis.

C'est le propre du génie de la France de travailler pour la civilisation, pour l'humanité ; qu'il combatte ou qu'il invente, en littérature, comme en industrie, il fait à tous les peuples largesse de son sang, de sa gloire, de ses idées et de ses inventions, et ne s'approprie leurs découvertes que pour les perfectionner, que pour y faire pénétrer le sentiment de l'art, d'appropriation au bien-être de tous, que seul il semble posséder.

De toutes ces manufactures créées à l'étranger, par les artistes formés à Saint-Gobain, nulle ne pouvait être sa rivale, une loyale concurrence, née en France, devait seule stimuler son ardeur industrielle. Comme manufacture nationale, Saint Gobain ne concourut pas aux Expositions, en 1806, nous l'avons dit, la manufacture obtint une médaille d'or pour ses glaces fabriquées avec des soudes extraites en France du sel marin.

En 1819, cette interdiction ne pesait plus sur Saint-Gobain ; l'exposition des glaces et des cristaux fut des plus brillantes. La cristallerie de Baccarat, qui le disputait déjà, comme pureté de la matière, à ceux de Bohême, n'avait plus de rivale dans l'Europe entière par le brillant de la taille, l'élégance des formes. Les glaces de Saint-Gobain soutenaient leur ancienne renommée ; mais les verreries de Cirey entraient déjà dans la lutte à côté d'elles et une médaille d'argent leur était accordée ; Saint-Gobain obtenait la médaille d'or.

De 1819 à 1827, un ardent esprit de progrès sembla s'être emparé de l'industrie des glaces ; on s'était attaché à la préparation des matières premières : la composition du verre était mieux comprise ; la masse vitreuse coulait plus blanche, plus belle, plus transparente, plus brillante, sur des tables en fonte moulées et dressées par les procédés inventés par Thiébault ; la houille avait remplacé le bois dans le chauffage, les améliorations et les économies avaient été si nombreuses, que les produits doublant de perfection, comme qualité, diminuèrent de plus de 50 pour cent comme prix.

Ces améliorations dans la fabrication et cette baisse furent si rapides, presque si inattendues, qu'un grand nombre de produits inférieurs restèrent dans les magasins des miroitiers sans trouver d'écoulement possible qu'en subissant les pertes les plus considérables. Vers 1825, le travail régulier, mathématique de la machine avait pu être substitué au bras de l'homme dans le dressage et dans le polissage des glaces qui devenaient, dès lors, plus parfaits et donnaient plus d'exactitude à la réflexion des rayons lumineux. Ce fut la compagnie de Cirey qui amena ce progrès, non contente d'avoir obtenu un verre très-blanc et bien affiné, elle voulut porter dans le dégrossissage des glaces toute la perfection qu'on pouvait désirer. Elle y est parvenue à force d'essais. Les pièces de la machine spéciale qui fonctionne à Cirey, ont été construites dans les ateliers de la Compagnie et sur ses propres plans. Ces pièces, montées et assemblées, dans la manufacture même, ont produit une machine puissante, capable de dégrossir toutes les glaces que cet établissement produit et bien davantage. Les dispositions étaient si bien calculées que, dès le premier jour, elle fonctionna de la manière la plus satisfaisante. C'était un progrès presque égal à celui de la découverte du procédé de coulage, que la France apportait encore dans l'industrie des glaces, il coûtait à la Compagnie de Cirey, plus de neuf années de travail et 600,000 fr. de dépenses.

Vers 1834, la Compagnie de Cirey avait introduit dans sa verrerie de Prémontré, la fabrication des miroirs et des glaces, dites de Nuremberg, que jusque-là l'Allemagne nous fournissait seule. Les verres de Bohême blancs, quelque bien dressés qu'ils soient, présentent toujours des ondulations à leur surface. Les glaces de Nuremberg n'étant dégrossies et polies que d'un côté présentent le même inconvénient. A Prémontré, on appliqua le procédé de coulage à la fabrication des glaces pour cartonnages, meubles, nécessaires ; on peut ainsi les obtenir d'une épaisseur assez convenable pour être dégrossies et polies, sans devenir trop faibles, réunissant ainsi toutes les qualités des glaces épaisses, elles surpassèrent par leur poli, leur légèreté et leur brillant, les anciens verres de Bohême, aujourd'hui délaissés.

La Compagnie de Saint-Gobain n'apportait pas dans la lutte moins de zèle et moins d'intelligence. Elle créait à Chauny une manufacture de produits chimiques qui élaborait les matières premières et le calcin, que les autres manufactures françaises et étrangères viennent lui demander. Elle moulait les épais carreaux transparents, qu'on voit sur nos boulevarts et dans les passages, servant de dalles et donnant le jour aux sous-sols. Elle fondait ces grandes masses de verres de cristal, de flint-glass, d'un travail et d'une réussite si difficile, dans lesquelles l'optique taille les pièces qui servent à la construction de ses instruments et à celle des phares.

Puis, les deux manufactures sans rivales au monde, apparaissent aux Expositions universelles se disputant la palme. En 1851, elles présentaient à Londres des glaces de plus de 15 mètres carrés ; en 1855, Cirey envoyait au palais de l'Industrie une glace sans tain de 18 mètres 50 cent. de superficie, la plus grande qui ait été construite, et une glace étamée de 13 mètres 85. Saint-Gobain exposait une glace de 18 mètres 44 de superficie, presque sans le plus léger défaut, un peu plus parfaite que celles de Cirey, sur lesquelles elle l'emporta.

Enfin le 27 avril 1862 ces diverses fabriques

ayant depuis quelque temps confondu leurs efforts et leurs intérêts, exposaient à Londres une merveilleuse pièce ayant plus de 20 mètres de superficie, lorsqu'en dirigeant la caisse à travers les sinueux méandres qu'offraient les chemins au palais de Kensigton, l'incurie d'un ingénieur anéantit cet admirable spécimen de la puissance de notre fabrication. La caisse, soutenue par un faible cordage, tomba de toute sa hauteur et la glace fut brisée.

Ces grandes glaces produites d'une manière exceptionnelle pour les expositions, ne sont pas, du reste, en dehors des ressources et de l'outillage ordinaire de nos grandes manufactures, qui pourraient s'engager à en fournir de semblables sur commande. Mais ces glaces arriveraient à des prix de revient énormes, aucun fabricant ne pourrait s'engager, sous peine de faire une opération ruineuse, de livrer en six mois cinquante glaces de 18 mètres, au prix de dix mille francs chaque. Quoique le prix de revient des glaces, qui se vendent chez le miroitier, de 50 à 60 fr. le mètre, ne reviennent pas à plus de 30 fr. au fabricant. Mais, lorsqu'on veut obtenir une glace de dimensions aussi considérables, exempte de bulles, de nœuds, de stries et d'une transparence parfaite, il faut se résoudre à en casser beaucoup avant d'en obtenir une réunissant toutes les qualités désirables. C'est une affaire de temps, de patience et d'argent.

Saint-Gobain produit annuellement près de 200,000 mètres de glaces, tant brutes que polies; il occupe 2,000 ouvriers, pour lesquels la Compagnie a toute la sollicitude qu'ils méritent. Ils ont une caisse de retraite, dont le capital est formé par les retenues faites sur leur salaire, et que viennent doubler les versements annuels faits par la Compagnie.

Cirey produit davantage et assure l'existence de plus de 6,000 familles.

Autrefois, les glaces sortaient simplement dégrossies de la manufacture; Paris les polissaient et posait le tain. Le polissage se fait aujourd'hui, nous l'avons vu, dans les manufactures; l'étamage occupe encore à Paris un grand nombre de bras, et souvent le miroitier, amoureux de son art, fait subir aux glaces un minutieux et délicat savonnage, qui rend leur surface plus brillante, la réflexion plus parfaite.

La taille, l'ornementation, l'encadrement des glaces, tout ce qui, en dehors de l'industrie qui l'a produite, exige du goût, du savoir, de la délicatesse, de l'appropriation aux besoins d'une vie élégante, de l'art, enfin, appartient à Paris. Vainement encore, sur ce point, les étrangers nous envient, ils ne peuvent nous égaler; ils peuvent lutter avec nous pour la quantité dans la production, jamais par la qualité. Il y a une certaine limite que le goût reconnaît de suite, mais qu'il est difficile de déterminer, qui sépare le distingué du vulgaire, qu'ils ne peuvent jamais franchir. Les glaces de Saint-Ildefonse sont brillantes, celles de Saint-Pétersbourg sont fort grandes; l'Angleterre les produit épaisses, solides, mais un peu ternes, l'affinage et le poli laissent à désirer; on dirait, lorsqu'on s'y mire, qu'une légère couche de ces brouillards, qui privent presque toujours Londres, des brillants rayons que le soleil nous prodigue, couvre leur surface; le poli fini leur manque.

Comme à tout ce qui sort de leur usine, « l'Anglais, disait naguère M. Cobden, en comparant l'industrie des deux nations, a plus de force dans le bras; mais le Français a plus de goût et d'esprit au bout des doigts. » La force qui produit la quantité s'acquiert, la machine et le capital la donnent; mais le goût, l'esprit qui du bout des doigts passe dans l'œuvre, ne s'acquiert pas, il tient au sang, au génie national, à ce je ne sais quoi, qui fait circuler dans Paris un souffle de vie, d'inspiration, de mouvement, de sentiment artistique qui marque toutes ses œuvres et qui fait dire en voyant un bronze, un meuble, un miroir, une parure, c'est de Paris, on ne fait pas ainsi ailleurs.

L'Égypte, Rome, Venise, nous devancèrent dans l'art du verrier; mais la hardiesse, le goût, nos découvertes, l'ont fait nôtre, nul aujourd'hui ne peut nous y égaler; la supériorité qu'ont nos glaces, les autres branches de la verrerie les possèdent; la Bohême et l'Angleterre admirent et jalousent nos cristaux, notre gobeloterie; les opticiens anglais effacent le nom de nos ingénieurs sur nos lunettes et nos télescopes, pour y mettre le leur; aucune verrerie ne peut égaler nos vases siphoïdes pour boissons gazeuses, nos simples bouteilles de Champagne.

CHAPITRE VII

Catoptrique. — Le mirage au théâtre. — Miroirs concaves et miroirs convexes. — Le petit bout de la lorgnette. — Fantasmagories et anamorphoses.

L'art du miroitier n'embrasse pas seulement la taille, le montage et l'encadrement des glaces, il doit se préoccuper de la manière dont l'image se produit dans le miroir qu'il fabrique et des effets qu'il peut produire en donnant à la surface polie telle ou telle forme, telle ou telle inclinaison. Ceci nous force à faire un peu de science, et nous amène tout naturellement à faire émettre un vœu. Il serait à souhaiter que chaque artiste fut initié aux lois de l'optique, au moins d'une manière générale. Elles lui feraient trouver des applications nouvelles de son industrie, l'art et la science progresseraient d'autant. Aujourd'hui nous faisons, pour la plupart, comme M. Jourdain, de la catoptrique sans le savoir, ce n'est pas une preuve en faveur de notre talent, l'ameublement y perd d'ingénieuses, de charmantes et d'utiles combinaisons, et notre industrie abandonne ainsi à l'opticien l'exploitation d'une branche importante de l'art qui devrait lui appartenir. Quelques simples notions suffiront pour démontrer l'importance de cette étude et les intéressantes ressources qu'elle offre à l'industriel, à l'art et à la science.

La lumière qui vient peindre au fond de notre œil l'image des objets extérieurs, n'arrive souvent à cet organe qu'après avoir rencontré sur son passage des obstacles qui la forcent à quitter la direction de la ligne droite qu'elle tend naturellement à suivre. Parfois c'est une surface réfléchissante sur laquelle les rayons semblent rebondir, dans d'autres circonstances c'est un nouveau milieu qu'ils sont obligés de traverser et qui les détourne de leur direction primitive. Ces déviations que l'on nomme réflexion et réfraction changent non-seulement le lieu apparent des objets, mais augmentent ou diminuent leur grandeur optique, dans certains cas, modifient leur configuration.

Les phénomènes de la vision, lorsqu'elle a lieu à travers des corps susceptibles de laisser passer la lumière, ne nous intéressent que d'une manière fort secondaire ; nous laisserons donc de côté ce qui concerne la dioptrique, qui traite de leurs lois. L'image qui se forme à l'aide d'un miroir ou d'une surface réfléchissante ou réfractaire, la dioptrique qui traite et explique ces phénomènes nous occuperont seuls.

Lorsque, assise devant votre miroir vous le consultez sur le meilleur tour à donner à la tresse qui couronnera votre tête, ou qu'appuyée sur un bras disputé, vous traversez le salon jetant dans la glace ce regard furtif, qui vous voit irrésistiblement belle, et vous montre la pâleur jalouse au front d'une rivale, voici charmante lectrice, en langage barbare, le phénomène qui se passe. Les rayons lumineux qui émanent de votre personne et de la personne humiliée de votre rivale, rencontrent la surface polie de la glace, se replient sur eux-mêmes et retournent frapper votre œil. Ils forment ainsi avec la surface qu'ils frappent deux angles, le premier formé par la direction du rayon lumineux qui atteint la glace, s'appelle angle d'incidence, celui qui repart de la surface pour frapper votre œil ou un autre point quelconque, s'appelle angle de réflexion, l'expérience prouve que ces deux angles sont égaux et placés dans la même plan perpendiculaire.

Cette expérience est facile à faire, et si peu que le scepticisme ait envahi au sujet des affirmations de la science, on peut la renouveler à peu de frais. Qu'on fasse arriver au moyen d'un cornet intérieurement noirci un rayon lumineux sur une glace, et qu'on mette dans le plan du rayon incident un tuyau aussi noirci à l'intérieur, on reconnaîtra vite qu'on ne peut voir le point lumineux que dans le cas où le tuyau fait avec la surface du miroir un angle égal à celui formé par le rayon incident. Cette formule explique la plupart des phénomènes qu'on obtient à l'aide d'un miroir.

Lorsque, comme dans une glace ordinaire,

les rayons lumineux frappent une surface dont tous les points sont dans le même plan, l'image nous semble avoir la même forme, la même grandeur, la même disposition que l'objet qu'elle reproduit, avec un éclat un peu affaibli à cause de la lumière perdue par le miroir, et nous jugeons les objets reproduits comme s'ils étaient situés à la même distance, de l'autre côté de la surface et sur une perpendiculaire à celle-ci. Si l'objet s'éloigne de la glace l'image s'en éloigne aussi, et voilà pourquoi nous voyons dans la glace nos mouvements se faire en apparence en sens opposé ; si nous approchons la main, la main de l'image s'avance vers nous, si c'est le miroir qui se meut, on explique de même les mouvements de l'image.

De là ces diaboliques délations d'une glace, à l'abri des indiscrétions de laquelle on se croit ; on s'est éloigné d'elle et on n'a pas calculé que le regard curieux suit tous vos mouvements dans une seconde glace, placée de manière que le rayon lumineux qui jaillit de votre personne, vient après avoir frappé la glace à côté de laquelle on est placé, se réfléchir de manière à reproduire votre image dans un second miroir, et celui-ci dans un troisième de manière à arriver jusqu'à l'observatoire, placé dans l'ombre par le jaloux. C'est ainsi que dans une pièce carrée de quelque dimension qu'elle soit, quatre miroirs placés en face l'un de l'autre suffisent pour que d'un regard jeté dans un seul, on embrasse tous les points de la pièce, et qu'on puisse à l'aide de quelques dispositions faciles à voiler, surveiller de l'endroit le plus détourné ce qui se passe dans des lieux en apparence fort retirés. Rien de plus facile que de faire ainsi arriver dans la glace qui pare la cheminée, au coin de laquelle on est assis, de vastes panoramas mouvants et d'en suivre tous les changements, les pieds sur ses chenets.

Lorsque la glace s'incline, la position de l'image change en raison de cette inclinaison. L'image d'une personne placée droite devant un miroir incliné à 45 degrés, paraît horizontale dans le miroir. Toutes ces données doivent guider dans la pose des glaces, surtout si l'on songe qu'elles ne servent pas seulement de miroir, mais encore de réflecteur, qu'elles décuplent l'effet de la lumière et servent à la distribuer dans un appartement. Les microscopes et les mégascopes dont on fait aujourd'hui un si ingénieux usage en photographie, pour amplifier jusqu'à la grandeur naturelle des portraits, d'abord presque microscopiques, sont pourvus de glaces qui reçoivent l'inclinaison convenable pour diriger les rayons lumineux sur le point qui doit les recevoir. Le lac de glaces qui produit un si merveilleux effet dans le rêve d'un preneur d'opium et qui fait en partie le succès de la *Prise de Pékin*, montre qu'elle heureuse ressource l'emploi des glaces peut offrir au prestige de la scène.

On connaît le tableau : le prisonnier met une boulette d'opium dans l'étroit fourneau de sa longue pipe, la chauffe à la lampe et aspire l'odorante fumée ; bientôt les vapeurs d'une lourde ivresse lui montent au cerveau, il tombe inerte, insensible, rien ne l'arracherait au sombre sommeil de l'opium. Mais l'hallucination commence, ses yeux presque vitrifiés s'entrouvent et poursuivent dans la brume lumineuse qui l'entoure les images encore indécises, vagues et confuses que dessine la vision. Les murs de la prison s'écroulent devant le rêve, un lac pur et brillant comme le cristal s'étend au milieu d'un délicieux paysage, éclairé par les flots d'une lumière céleste. Une mélodie tendre et rêveuse comme le concert de cent harpes éoliennes touchées par le vent, remplit l'espace. Aux abords du lac mille arbustes fleuris se reflètent dans le cristal et embaument l'air des plus suaves parfums; sur la surface des eaux, le nimpheos, le nénuphar épanouissent leurs fleurs étiolées sur le vert glauque de leurs feuilles, puis chacune de ces fleurs s'anime, leurs pétales grandissent et s'entrouvent, de leurs calices sortent d'aériennes beautés qui planent sur les ondes, formant les groupes les plus gracieux, au milieu la plus belle, et comme leur reine, la bien-aimée du prisonnier, tend vers lui ses bras carressants et se penche avec un regard plein d'amour. Les ondes du lac reflètent cette céleste vision, et renvoient son image à tous les points de la salle, grâce à l'inclinaison calculée qu'on a donné aux glaces qui le forment.

C'est un premier essai, et il a trop bien réussi pour que le théâtre s'en tienne là. Que de charmants et savants effets il peut trouver dans l'emploi des glaces qui reproduiraient des toiles, ou des scènes, habilement cachées aux yeux du spectateur. Rien de plus facile que de reproduire avec leur aide tous les effets du mirage, qui joue parfois un rôle si dramatique dans le récit des voyageurs et à l'aide desquelles la fée Marguanne construit ces magnifiques palais, ces temples, ces ruines, ces mouvants paysages qui à certaines heures attirent en foule les Siciliens et les populations Napolitaines sur les bords de la mer, pour jouir du magnifique et changeant spectacle que lui donnent les couches d'air, diversement chauffées, en leur renvoyant, comme ferait un miroir, l'image des objets placés à des distances inconnues. Quel drame et quels décors, que ceux qui nous représenteraient les caravanes, dévorées par la faim et par la soif, par le soleil des tropiques et trompées par le mirage, qui feraient surgir l'oasis, au milieu des sables brûlants.

Les effets des réflecteurs sont aussi aujourd'hui étudiés avec plus de soin et on en fait un assez grand usage, on ne se contente pas de leur donner le poli et l'inclinaison nécessaires, on cherche par leurs ondulations paraboliques d'amener la lumière au lieu qu'elle doit frapper;

on comprend, en effet, d'après ce que nous avons dit de l'égalité de l'angle d'incidence avec l'angle de réflexion, que lorsqu'on donne à la surface polie une forme parabolique, concave ou convexe, les rayons lumineux se réunissent en un foyer et y forment l'image de l'objet dont ils émanent. L'explication théorique des phénomènes qu'on obtient à l'aide des miroirs concaves ou convexes, nous forceraient à entrer dans des démonstrations mathématiques que nous voulons éviter. Nous indiquerons simplement quelques-uns des effets les plus curieux qu'ils peuvent produire.

Si on pose une bougie à une grande distance et presque dans l'axe d'un miroir concave, on voit son image renversée en avant à la distance d'un demi rayon de miroir, à mesure que l'on rapprochera l'objet du miroir son image grandira et se rapprochera, jusqu'à ce que se rencontrant tous les deux au centre, l'image et l'objet réfléchi se confondent et que la première disparaisse ; si l'on approche encore la bougie ou l'objet éclairé en deçà du foyer, les mêmes effets se reproduisent derrière le miroir.

On se sert de ces propriétés des miroirs con

caves pour produire plusieurs illusions, et les physiciens et faiseurs de tours font en public, à l'aide d'un de ces larges miroirs, des expériences singulières. Tantôt le spectateur amené sur la scène, est étonné de voir devant lui sa propre image, placée de haut en bas et répétant tous ses gestes. D'autres fois il s'avance, vers une jeune fille qui lui sourit, et au moment où il croit atteindre la décevante image, elle se change en effrayant squelette, en un monstre ; là où une main charmante vous offrait un fruit ou un bouquet, un bras armé d'un poignard menace votre vie, et l'illusion est complète, le miroir reste caché, les figures qu'il reproduit ne sont pas en vue du spectateur, le spectre seul, le spectre insaisissable se montre à ses yeux.

Méphistophélès montre à Faust l'alcôve où dort Marguerite ; Faust tend la main et ne trouve que le vide, l'image enivrante a fui. Cagliostro et les magiciens du moyen-âge font apparaître aux yeux des crédules qui les consultent la personne aimée morte ou absente, et la vision est réelle, l'illusion entière ; un miroir concave et le portrait peint, en trompe l'œil, des personnages qu'on désire, ou quelques personnes qui leur ressemble, habilement cachés suffisent pour cela; on avait recommandé l'immobilité et le silence, mais l'impression a été trop forte, la main a été tendue, un cri s'est échappé, elle n'a trouvé que le vide, l'image a disparue pour toujours et le magicien a gagné son argent, et acquis tout pouvoir sur une imagination exaltée. Maintenant recevez l'image ainsi produite avec foyer sur un écran et vous y formerez aussitôt un tableau animé où viendront se mouvoir l'image de tous les objets réels ou fantastiques que vous voudrez y peindre.

Des réflecteurs et quelques faciles dispositions optiques suffisent ainsi à toutes les illusions fantasmagoriques.

Les miroirs concaves deviennent des miroirs ardents, lorsque, concentrant les rayons du soleil, ils produisent un de ces puissants foyers de chaleur qui servaient à Archimède, pour brûler en mer les flottes ennemies.

Le pouvoir qu'ils ont d'offrir l'image grossie de celui qui s'y mire à une distance locale convenable, les rendent précieux pour certains détails de toilette. L'homme soigneux qui veut donner à son menton le poli du marbre, s'en sert avec avantage pour suivre et faire tomber sous le tranchant du rasoir le poil le plus traitreusement caché, et lorsque arrive l'heure où la studieuse toilette doit, suivant Tibulle, remplacer les charmes d'une jeunesse qui fuit, nul conseiller ne guide mieux le minutieux travail d'un habile cosmétique; puis la ride effacée, le teint avivé et la ligne des cils savamment allongée, on retourne le miroir, et sa face convexe, par un prestige opposé, nous montre avec la galbe nacrée de nos vingt ans, mais plus belle de toute la physionomie que nous avons su acquérir.

Qui n'est charmé à un moment donné, de se voir par le petit bout de la lorgnette? Comment faites-vous, demandait-on à un photographe, homme d'esprit, pour décider une femme qui a atteint la seconde jeunesse à s'asseoir devant un daguerréotype; — en prenant leur portrait avec le petit bout de la lorgnette, répondit l'artiste, le mari et l'amant sont ainsi également satisfaits; le portrait ne connaît ni mensonge, ni indiscrétion.

Dans les miroirs en verre, deux images se

produisent par la réflexion, l'une par la surface postérieure étamée, l'autre bien plus faible, par la surface antérieure, en sorte qu'il y a réellement deux miroirs parallèles, dont deux surfaces réfléchissent les images des corps, et comme ces deux images se superposent inégalement, les deux plans de réflexions étant distants l'un de l'autre, elles deviennent confuses. Dans l'usage ordinaire pour l'ameublement ou la toilette, ce défaut des miroirs en verre est peu sensible, l'image rendue par la surface étamée, infiniment plus brillante que celle qui est produite par l'autre surface, absorbe celle-ci en entier et rend l'effet de leur superposition à peine appréciable. Mais ce défaut devient très-appréciable et fort gênant dans les intruments de catoptrique, et où chaque effet s'accuse avec une fidélité mathématique. On préfère alors les miroirs métalliques.

Ces miroirs sont parfois en argent, en palladium ou en platine, du moins à leur surface. Ces métaux conservent leur éclat pendant une durée infinie ; mais leur prix en est excessif, ce ne sont pas des objets d'art qui puissent entrer dans l'industrie, rarement même on les emploie dans les instruments d'optique les plus perfectionnés, on se sert le plus souvent d'alliage dont la composition approche, si elle n'est pas la même, de celle des miroirs antiques.

Cet alliage n'est pas exactement défini et les qualités en espèces s'obtiennent de différentes manières. Il faut que le son uniforme qu'ils rendent prouve que leur composition est d'une homogénéité parfaite ; que la matière soit exempte de pores et de gerçures ; qu'elle ne s'oxide pas à l'air sec ou humide, qu'elle soit dure sans se refuser au travail qu'elle doit subir, et surtout qu'après le poli elle réfléchisse vivement la lumière. On cherche le plus souvent à obtenir ces résultats avec un mélange de 32 parties de cuivre rouge et de 15 d'étain en grains, auquel on ajoute deux parties d'arsenic qui rend le métal blanc et compact. Le mélange auquel on ajoute une partie d'argent, d'arsenic et de cuivre donne un miroir parfait sous les rapports d'éclat, de blancheur, de dureté et de pouvoir réflecteur. On indique encore comme bonne recette de faire fondre dans les creusets séparés deux parties de cuivre rouge et une d'étain ; on mêle ensuite et l'on brasse avec soin l'alliage à l'aide d'une spatule en bois.

Tous ces mélanges doivent se rapprocher beaucoup du bronze blanc antique, dont étaient faits les miroirs de Corinthe. On les coule dans des moules et on polit leur surface antérieure. Le polissage rappelle en partie le travail des glaces; comme pour celles-ci, on opère au moyen de l'émeri et du frottement. On a un bassin d'airain travaillé sur le tour et vérifié dans toutes ses parties avec le plus grand soin, de la forme et de la courbure mathématique qu'on veut donner au miroir, mais fait en sens inverse, c'est-à-dire concave, si celui-ci doit être convexe, de forme convexe si le miroir doit être concave. On y répand l'émeri qu'on a soin de mouiller, l'ouvrier tient le miroir à l'aide d'un manche dorsal et y promène l'émeri en tous sens. On le lave ensuite avec la plus grande attention, ainsi que le bassin, en ayant soin qu'il n'y reste aucun grain d'émeri et on continue ainsi l'opération au moyen de poudres de plus en plus fines jusqu'à ce que la surface soit parfaitement uniforme.

Pour le polissage, on recouvre le bassin bien lavé d'une couche de poix très-pure, et l'on promène sur cette matière un bassin concave, si le premier est convexe et réciproquement;

mais moulés l'un sur l'autre et qui se superposent d'une manière parfaite. A l'aide de la chaleur, on obtient ainsi un bassin en poix de la même forme que le premier, on le recouvre de la potée d'étain (poudre d'eutoxide d'étain mêlée à l'oxide de plomb) et l'on recommence à mouvoir le miroir sur le bassin jusqu'à ce qu'il ait acquis tout le poli et l'éclat désirables.

Le polissage des miroirs planes présente naturellement moins de difficultés, il se fait sur des platines d'airain parfaitement planes. Mais quelque alliage qu'on emploie, le travail de ces miroirs les rend fort chers et on leur préfère les miroirs de verres pour les usages ordinaires. On les façonne comme les verres optiques et lorsqu'ils ont reçu la forme qu'ils doivent avoir et le poli nécessaire, on les étame comme les miroirs et les glaces, mais en employant des soins et des procédés plus difficiles.

Le miroir est enduit d'une légère couche d'huile et moulé avec du plâtre très-fin. Lorsque le moule ainsi pris est très-sec on marque des points de repère et on l'enlève. On étend sur le moule une feuille d'étain taillée en rond, très-ductile et très-malléable, l'étain s'applique avec quelque soin de la manière la plus exacte ; lorsqu'elle est parfaitement tendue on la fixe avec de la cire aux rebords du moule.

La glace est ensuite placée sur un sac plein de sable fin et bien cousu, et on l'y enfonce de manière qu'elle porte bien sur tous les points. Après l'avoir nettoyée avec le plus grand soin, et surtout fait disparaître toute trace d'humidité, on la remplit entièrement de mercure bien pur, on plonge un peu le moule dans le mercure, l'étain en enlève une petite portion, avec laquelle à l'aide d'un tampon de laine on avive toute la surface. Cet avivage terminé on plonge le moule, non pas verticalement, mais en commençant par les bords et en le faisant glisser doucement jusqu'à ce que les centres se rencontrent et que les points de repère correspondent, de manière que l'étain repousse le mercure. On abandonne alors le moule à son propre poids et on laisse le tout pendant environ une demi-heure. On renverse ensuite l'appareil de manière que le miroir se trouve dessus ; on détache la cire qui retenait la feuille d'étain au plâtre, on soulève la glace qui emporte avec elle l'étain qui y adhère parfaitement.

Pour l'étamage des miroirs convexes on emploie les mêmes procédés, on modifie seulement l'opération d'après les exigences opposées de la forme des glaces. Pendant longtemps les globes étamés firent l'ornement de nos appartements, l'usage s'en perdit en France et ne se conserva guère qu'en Angleterre. Aujourd'hui ils nous reviennent et les effets surprenants qu'on peut obtenir avec eux en répandra certainement la mode. Un de ces globes placé au milieu d'un lustre à la hauteur de la flamme des bougies en réunit la lumière au centre de la sphère où l'on aperçoit un seul foyer très-éclatant et très-considérable, qui reflète et distribue ses rayons dans toutes les parties de la pièce qu'il éclaire.

L'étamage de ces globes se fait d'une manière toute particulière. On fait fondre dans une cuiller de fer une partie d'étain et une de plomb, on ajoute une partie de bismuth et on agite vivement le mélange ; lorsqu'il est bien liquéfié et refroidi au point de n'être plus que tiède, on met deux parties de mercure, privé de toute humidité, l'on agite de nouveau, on chauffe et l'on écume, on chauffe modérément le globe en entretenant le mélange en liquéfaction par une chaleur suffisante, on le promène sur toutes les parties du globe, qui sont étamées presque sur le champ. On peut donner soit au verre, soit à l'alliage, la couleur qu'on désire.

Dans les cabinets de physique amusante on fait sous le nom d'*anamorphes* d'assez curieux appareils. On dessine sur un carton des figures irrégulières, grotesques et couvertes de discordants badigeonages, puis au milieu on place un miroir de forme pyramidale ou conique et aussitôt ces dessins et ces badigeons se reflètant à sa surface d'après des angles mathématiquement calculés se transforment en images régulières et harmonieuses de paysages, de personnages, de scènes quelconques.

On peut ainsi multiplier à l'infini les phénomènes de catoptrique curieuse, il serait trop long de les énumérer ici, nous renverrons le lecteur aux récréations mathématiques de Guyot ou à la catoptrique de Wolff.

CHAPITRE VIII

Conseils aux fabriques. — De la chambre syndicale. — L'enseignement professionnel. — Une branche d'olivier pour drapeau. — Visite de S. M. l'Empereur Napoléon III et de l'Impératrice Eugénie à Saint-Gobain. — Un musée. — Comment doit progresser l'art et se former la famille des fabricants et des artistes.

La fabrication des glaces a atteint aujourd'hui comme composition chimique et comme procédés industriels toute la perfection possible. Complétement incolore, — soit à cause de l'extrême pureté des matières premières, soit, comme le prétendent certaines fabriques, par des procédés qui sont leur secret, — le verre présente la limpidité et l'éclat du plus beau cristal. Les dimensions des glaces n'ont d'autre limite que celles des tables sur lesquelles on les coule ; avec des soins suffisants on obtient, sans défaut aucun, des pièces du plus grand volume. Ainsi parvenue à ses dernières limites, les glaceries n'ont-elles donc qu'à poursuivre ces améliorations de détail qui donnent de l'économie dans le produit, de la facilité dans le procédé, mais qui ne marquent plus un progrès réel, essentiel, notable?

L'industrie trouve parfois dans sa marche de ces périodes stationnaires où roulant toujours sur les mêmes errements, elle attend que le progrès humain ait fait un nouveau pas et l'entraîne avec lui dans les voies nouvelles qui s'ouvrent. Elle répond à des besoins et s'appuie sur la science qui se développe lentement avec la civilisation et jamais ne la devance. L'art seul vit dans l'idéal et s'élance vers l'avenir. Pour lui, la perfection c'est le progrès. Ses œuvres les plus admirables, ses créations les plus sublimes lui paraissent toujours imparfaites ou incomplètes, parce qu'au-delà, il rêve d'autres harmonies, il entrevoit d'autres horizons perdus encore dans de vagues crépuscules, mais qu'inondera le soleil de l'avenir. Aussi les grandes nations qui ont paru à toutes les époques jouer le grand rôle d'initiatrices et fait briller aux yeux de tous les peuples le phare lumineux qui les guide dans les voies ardues de la civilisation, l'Égypte, la Grèce, Rome un instant, la France sont-elles des nations artistes. Chez elles seules l'art faisant alliance intime avec l'industrie, les entraîne vers le progrès infini, chez les autres toutes les ressources accumulées du capital, des forces et de l'expérience acquise n'ont pu aboutir qu'au confortable. Ce dernier mot de la satiété matérielle satisfaite.

L'Angleterre, la Prusse, la Russie, Saint-Hildephonse peuvent produire des glaces aussi parfaites qu'en France, — quelques améliorations dans la composition du verre et dans les procédés du coulage et du polissage suffiront pour cela. — Que nos fabriques y songent sérieusement, les dernières barrières douanières qui les protégeaient sont tombées, si elles veulent dominer la concurrence et maintenir leur supériorité sur tous les marchés qu'elles la demandent à l'art, à l'ornementation, au bon goût dans lesquels la France n'a pas de rivale. Qu'elles aident et stimulent les efforts du miroitier, qu'elles lui fournissent des pièces moulées en creux, des modèles fondus pleins de goût auxquels le travail de la meule et la main de l'artiste achèvera de donner le fini et le caractère artistique ; que des fleurs, des oiseaux, mille sujets s'enroulent autour des glaces. La cristallerie, l'émail, la verrerie de couleur, la gravure à la roue et aux acides, offrent à l'art du miroitier les plus grandes ressources et l'artiste ne peut en user, parce que les fabriques ne les secondent pas dans ses tentatives.

Ce sont là, sans doute, des accessoires de la fabrication, la fonte, le coulage et le polissage sont le principal de l'industrie et tout progrès a dû d'abord s'y porter. Mais ce but atteint aussi complètement qu'il l'est, la prospérité des fabriques réside peut-être entière dans ces accessoires qui sont tout l'art, et cela vaut bien la peine qu'on y réfléchisse.

Certaines porcelaines peuvent bien valoir celles de Sèvres, comme qualité de la pâte, mais l'élégance des formes, le bon goût, la pureté, la richesse de l'ornementation, l'art enfin, incarné dans les moindres produits de la manufacture Impériale en font des chefs-d'œuvre de la céramique, que les autres fabriques cherchent en vain à égaler et que toutes les nations nous envient.

Ce but suprême, l'art, a été peut-être un peu délaissé par la miroiterie moderne. Nous avons un peu trop oublié l'exemple de nos devanciers qui se qualifiaient avec orgueil du titre d'artiste et cherchaient surtout à le mériter. Il y avait alors, il est vrai, des maîtres-jurés et chaque bachelier pour recevoir ce titre de maître, qu'on ne prodiguait pas au hasard, devait produire un chef-d'œuvre. Il était artiste avant d'être marchand et n'avait renom et privilèges que de par cette qualité. Aujourd'hui c'est le contraire ; avant tout le miroitier veut être marchand et souvent il n'est pas autre chose, s'il manie assez habilement le diamant et la règle pour couper ses glaces cette science lui suffit, il a le talent du vitrier qui encastre hermétiquement la plaque de verre dans son cadre et utilise jusqu'au moindre fragment de vitre, il n'a ni le savoir, ni le goût de l'artiste, son habileté commerciale lui répond de sa fortune.

Certes nous ne sommes pas de ceux qui regrettent le passé et voudraient le faire revivre. Les maîtrises et les corporations pouvaient bien convenir à une société hiérarchisée sur le privilège et sur la naissance, elles ne sauraient exister dans un milieu social où le mérite individuel est le seul titre valable, où le fils du chiffonnier, si son génie et les circonstances le poussent, peut aussi bien conquérir le titre de duc et pair et prendre place dans les conseils de la couronne, que le descendant des premiers barons chrétiens, où le simple manufacturier siége au sénat, sur le même banc que le guerrier le plus illustre, que le diplomate le plus émérite et discute avec eux des lois qui conviennent à son pays et des besoins de toute la nation. La corporation étouffait d'ailleurs la fantaisie et l'initiative ces deux leviers de l'industrie moderne, sans détruire les mauvais effets de la concurrence, elle l'empêchait de faire naître l'émulation, fille de la liberté. Mais elle avait cela de précieux, de conserver la tradition et d'être une école, les deux choses qui nous manquent ; elle régularisait les efforts et donnait la direction sans laquelle tout progrès se perd inutile.

Cette tradition, cette école, cette harmonie dans les efforts de tous, cette direction qui nous manquent, il serait facile de l'obtenir si, faisant taire des instincts d'envieuse concurrence qui semblent sourdre des bas-fonds de chaque boutique qui s'ouvre, on couronnait d'une branche d'olivier toutes les enseignes rivales, et qu'abandonnant des manœuvres désastreuses pour tous, on s'avançait vers l'art — ce but commun — tous unis, patrons et ouvriers, maîtres et artistes par la plus cordiale des ententes.

Une chambre syndicale, au lieu de se réserver un rôle purement judiciaire, devrait rendre aujourd'hui aux industries qui la possèdent tous les services que rendaient autrefois les corporations et les jurandes, sans entraîner aucun des inconvénients des anciennes maîtrises. Formée comme la nôtre l'est en ce moment des membres les plus éclairés et les plus capables de la communauté industrielle librement élus par leurs pairs, elle devrait veiller à l'intérêt de tous, étudier, chercher et faire naître les occasions de progrès artistique ou industriel et de développement commercial. Elle devrait coordonner, stimuler et représenter les efforts et les intérêts de tous les membres de la grande famille industrielle; elle serait leur défenseur et leur organe naturel. Entourée des renseignements les plus nombreux et les plus certains, agissant au nom d'une industrie puissante par son travail, ses produits, ses capitaux, elle posséderait une certitude d'action et une autorité que ne saurait jamais acquérir les efforts isolés d'un seul, quelque éminent qu'il fût.

Les miroitiers sont assez nombreux, leur industrie est assez étendue, assez riche, assez importante pour légitimer cet agrandissement d'influence de leur chambre syndicale. Depuis longtemps nous l'avons souhaitée, et en formulant ici le vœu qu'elle se réalise nous sommes l'organe d'un grand nombre de nos confrères qui partagent notre opinion. De sa réorganisation dépendrait presque l'avenir de l'industrie, autour d'elle se grouperaient les améliorations urgentes que réclame l'art en lui-même et surtout ce grand nombre d'ouvriers et de familles qui vivent de notre industrie.

Ces améliorations sont aussi faciles à mener qu'importantes dans leur résultat, un souvenir qui vivra toujours dans les annales de notre industrie fera mieux comprendre leur opportunité et nous rendra encore plus chères leur réalisation.

En 1858, le 26 novembre, l'Empereur et l'Impératrice furent visiter la manufacture de Saint-Gobain, parcourant les différentes parties de l'établissement. Leurs Majestés suivirent avec le plus grand intérêt toutes les opérations qui constituent la fabrication des glaces. Elles virent à Chauny la préparation des matières premières, en écoutant les savantes explications données par M. Pelouze. M. Lacroix, l'habile directeur, expliquant à Leurs Majestés les procédés appliqués dans les ateliers du doucissage pour l'achèvement des glaces. Dans l'atelier du savonnage elles restèrent longtemps à examiner le travail des femmes et l'Impératrice apporta une grande attention à cette opération dont elle se fit expliquer l'objet et les procédés par une ouvrière.

Après avoir admiré l'ingénieux mécanisme qui polit les glaces, l'Empereur et l'Impératrice passèrent à l'étamage qui occupe à Saint-Gobain relativement peu de personnes, mais qui présente des détails fort intéressants. Il y est pratiqué par des femmes; l'Impératrice savait que c'est là une de ces industries fatales dont la science n'a pas encore su neutraliser les dangereux effets, c'était donc un intérêt plus grand qui l'attirait vers les ouvrières qui se vouent à ce travail. Non seulement elle voulut en connaître tous les détails, mais après avoir suivi l'application des procédés employés pour cette opération et les avoir saisis avec une vive intelligence, elle voulut en faire l'essai elle-même, et, avec l'aide d'une ouvrière qui l'assista comme auxiliaire, elle parvint à étamer une glace du premier coup.

Ce succès fut accueilli par les ouvrières avec une véritable admiration. Elles louaient l'adresse et surtout la bonne grâce avec laquelle Sa Majesté s'était acquittée de l'opération et s'accordaient à dire qu'elle aurait peu à faire pour acquérir un bon tour de main. Pour la population ouvrière de la manufacture, cette glace étamée par des mains si augustes devint une précieuse relique; elle comprenait instinctivement qu'il y avait dans cette action plus que la satisfaction d'un caprice de grande dame, elle sentait que le cœur si intelligemment charitable de la Souveraine avait trouvé une satisfaction plus sainte à accomplir une opération à laquelle l'ouvrière se voyait journellement forcée par la pauvreté. La glace ne fut pas seulement pour elle le témoignage de l'impériale visite, ce fut la relique de cœur laissée par la touchante commisération et la sympathie de l'Auguste Souveraine.

De Chauny Leurs Majestés se rendirent aux halles de coulage de Saint-Gobain, elles y virent couler des glaces à la halle de Bel-Air puis des verres de phare à la halle du Bas.

La manufacture de Saint-Gobain surpasse en grandeur, en importance, en activité, les établissements industriels de l'Angleterre les plus vantés et les plus grands. Leurs Majestés furent frappés de la multiplicité des opérations et de la prodigieuse somme de forces que nécessite l'ensemble de la fabrication des glaces ; mais ce qui les impressionna vivement, ce fut l'air de bien-être, la douceur, l'intelligence qui caractérisait la population ouvrière qui se pressait autour d'elles en groupes respectueux.

Cette aisance, cette aménité, cette intelligence leur furent bientôt expliqués.

La Compagnie de Saint-Gobain fut fondée à une époque où les verriers n'étaient que de simples ouvriers, mais de vrais gentilhommes, elle les traita comme artistes exploitant avec elle des priviléges communs. Jusqu'à nos jours la Compagnie a compris que plus le progrès social marchait, plus sa prospérité à elle reposait sur le dévouement intelligent de ses ouvriers et elle a tout fait pour le mériter. Vingt cinq mille individus vivent heureux, tranquilles, assurés de leur avenir sous son patronage en France ou en Allemagne; à Saint-Gobain 3,500 forment d'une manière plus intime le noyau de la famille.

A Saint-Gobain les emplois sont pour ainsi dire héréditaires, les descendants des gentilhommes fondateurs remplissent encore ceux qu'occupèrent leurs pères. Les générations se succèdent dans la manufacture et rien ne peut les détacher de la Compagnie à laquelle elles doivent éducation, travail, sécurité, fortune. Les enfants des ouvriers sont élevés aux frais de la Compagnie. Un enseignement libéral développe tous leurs genres d'aptitude, on cherche à faire des hommes avant de faire des ouvriers; chacun peut ensuite librement suivre la voie qui convient le mieux à son caractère, à son intelligence. C'est aux bienfaits de cette éducation, aux traditions d'honneur et de probité puisées dans la vie de famille que la population verrière de Saint-Gobain doit cette douceur de mœurs, cette honnêteté et l'intelligence qui la distinguent d'une manière si heureuse des autres populations manufacturières.

Devenu homme, l'enfant voit devant lui un avenir assuré par le travail, et toujours grandissant suivant son énergie, son habileté, ses aptitudes. Il est entouré des institutions de prévoyance qui peuvent le familiariser le mieux avec les idées d'ordre et d'économie; il voit les services journaliers qu'elles rendent, il en comprend l'importance et les adopte sans hésitation, sachant très-bien que les légers sacrifices qu'elles semblent lui imposer tourneront au profit de son avenir et de son bien-être. Une caisse de retraite assure les jours de sa vieillesse, quoique la Compagnie prenne toujours à sa charge les travailleurs qui ont usé leurs forces à son service. Une autre caisse reçoit et fait fructifier les épargnes les plus modestes. L'ouvrier qui veut racheter son fils, réparer sa maison, agrandir son champ ou son jardin, trouve toujours près de la Compagnie un prêteur désintéressé ; l'honnêteté et le travail sont les seules cautions qu'on lui demande.

Lorsqu'arrivent ces disettes, ces moments de crise qui désolent et ruinent tout autour d'elles, la Compagnie les allège pour ses travailleurs ; ses fonds de réserve venant au secours de salaires alors insuffisants les aident à supporter les chertés les plus grandes ; le chômage est toujours inconnu.

Cette sage organisation et ses heureux résultats frappèrent l'Empereur, encore plus que les merveilles industrielles dont il était témoin. Il voyait là, en effet, réalisée cette démocratie impériale dont son génie jette en France les glorieuses bases et qui apparait déjà à l'Europe entière comme le seul avenir qui puisse sauver les peuples et leur assurer tous les bienfaits de la civilisation. Ce sont ces sages exemples que nous voudrions voir suivre par les miroitiers ; ce sont nos aînés, les chefs de la famille pour ainsi dire qui nous les donnent, il nous serait si facile et si utile de les imiter.

La chambre syndicale une fois réorganisée, et chacun de nous lui apportant le tribut de ses lumières ou de son expérience, marcherait vite dans la voie du progrès. L'enseignement professionnel commençant par l'apprentissage chez le patron, rendu plus paternel, plus instructif par la surveillance salutaire des syndics ou jurés, serait complété par l'enseignement scientifique et artistique donné dans le local même de la chambre et aux frais de la Société. La théorie se joignant ainsi à la pratique et développant le goût et l'intelligence doublerait l'habileté de la main. Des concours stimuleraient l'émulation de l'enfant, des diplômes certifieraient l'habileté de l'artiste, comme ils certifient la capacité des élèves qui dans les sciences libérales ont couronné leurs études en subissant les examens imposés.

Dans un musée particulier seraient réunis les chefs-d'œuvres de la miroiterie de toutes les époques. Modeste d'abord il irait s'enrichissant tous les jours de dons et d'acquisitions nouvelles; ce serait pour tous la meilleure des écoles, une source d'études et d'inspirations. Les jurys des expositions ont demandé que le gouvernement réunit dans un musée particulier les œuvres les plus remarquables produites par l'industrie artistique, afin que leur vue et leur étude inspirent les artistes, éclairent les industriels et forment le goût du public; souvent renouvelé, ce vœu n'a pas été encore accueilli.

Un jour sans doute l'industrie artistique qui contribue si largement à la richesse et à la gloire nationale, aura son palais, comme les arts mécaniques ont le leur au Conservatoire, comme les beaux-arts ont le leur au Louvre, et l'influence de cette institution sera immense. Mais ce jour est encore éloigné et plus que tout autre l'art du miroitier a besoin de voir réunies dans un musée spécial les œuvres qui peuvent l'inspirer. Le dessin, la gravure ne suppléent pour lui qu'imparfaitement à la vue du modèle, ce n'est pas la ligne et la forme qu'il doit chercher seulement dans son œuvre, c'est surtout l'effet qu'elle produit et la vue peut seule le lui indiquer.

Sans doute en parcourant les musées, en visitant les palais que l'administration de la Couronne ouvre au public, en feuilletant les cartons des bibliothèques, l'artiste miroitier trouve d'heureuses inspirations, de précieux modèles. La collection des miroirs est une des plus belles du musée Campana que vient d'acquérir la France, elle nous fournira d'admirables modèles du goût antique. Mais tous ces chefs-d'œuvre disséminés un peu partout ne peuvent servir d'école et un musée spécial serait une école.

La taille des cristaux fournit à notre art des ressources qui deviendront plus précieuses et plus nombreuses au fur et à mesure qu'on saura mieux l'employer. Elle devrait faire partie de l'enseignement professionnel et nous voudrions que ce travail fut surtout confié aux femmes auxquelles l'industrie n'offre que des salaires de jour en jour plus insuffisants.

Sans doute nous préférons la femme mère de famille dans son ménage, jeune fille sous le regard de ses parents, et nous déplorons avec M. Jules Simon la dureté des conditions de la vie moderne qui ont fait l'ouvrière ; mais prenant le milieu social tel qu'il est et laissant au temps et à la civilisation le soin de le réformer, sans croire que tout est pour le mieux dans le meilleur des mondes possibles, nous cherchons simplement à améliorer le sort de ceux qui nous entourent. Certains travaux de l'art du miroitier conviennent d'une manière toute spéciale aux aptitudes de la femme, nous croyons que c'est un bien de les lui réserver en les rétribuant d'un salaire justement proportionné à ses services, et en lui procurant des conditions de travail qui l'éloignent le moins possible des habitudes de la famille et du ménage. Le travail éloigne la séduction, et un gain suffisant est pour la femme la meilleure garantie d'indépendance ; en se joignant à celui du mari il assure bien souvent le bien-être de la famille.

Chaque industrie a des opérations plus ou moins funestes à la santé de ceux qui s'y livrent, la science se dévoue vainement à faire disparaître tout danger de certaines manipulations, de certains travaux, ils semblent si inhérents à la nature même de ces opérations, qu'elle se trouve impuissante, les ouvriers sont condamnés à les subir. Aucune précaution ne doit être négligée pour amoindrir ces inconvénients des professions malsaines, l'étamage des glaces est dangereux il expose à l'intoxication mercurielle ; en attendant, que venant en aide aux recherches de la science, les efforts des miroitiers aient découvert un autre mode d'étamage, qui puisse remplacer l'étamage au mercure, que les ouvriers s'exposent le moins possible à ces mauvais effets ; qu'ils n'y travaillent que tous les trois jours et occupent le reste de leur temps aux autres opérations de la fabrication qui sont sans danger ; qu'aucun détail d'hygiène ne soit d'ailleurs négligé, les patrons sont souvent responsables, par leur insouciante incurie, des accidents les plus funestes qui arrivent.

Les intérêts des patrons et des ouvriers sont les mêmes, la propriété des uns est liée au bien-être des autres, tous les liens qui pourront rendre encore cette solidarité plus étroite, assureront la prospérité de l'industrie, l'avenir de tous. Les institutions de prévoyance sont aujourd'hui nombreuses, efficaces, et sans craindre d'être rêveur ou utopiste on peut prévoir le moment où le travailleur le plus modeste aura son existence et son avenir garantis. Partout des sociétés de secours mutuels s'organisent, partout des caisses de retraite s'ouvrent. Il a suffi de l'active sollicitude d'un homme dévoué pour que la classe des gens la plus insouciante par caractère, la moins pourvue de ressources assurées par état, les comédiens et les artistes, possédât une caisse de secours riche à millions, une caisse de retraite qui assure la vieillesse de tous ses membres. Que la chambre des miroitiers soit organisée, qu'elle prenne l'initiative, qu'il se forme une association de secours entre les maîtres et les ouvriers, qu'une caisse commune de retraite reçoive le pécule de chacun suivant son salaire, suivant sa position, et bientôt cet esprit vivifiant qui est celui de notre siècle, saura faire fructifier ces premières économies, les ressources iront se multipliant et dans peu d'années l'association se trouvera étonnée de ses richesses, les liens les plus sympathiques rattacheront tous ses membres, ceux du travail, l'inspiration de l'art, l'assurance commune contre la souffrance et la misère, la garantie du bien-être, la sécurité de l'avenir, le crédit même, car la chambre faciliterait toujours toute opération commerciale faite par un des membres de la grande famille qui pourrait offrir pour garantie, travail et probité.

Nous ne rêvons pas on le voit, la réalisation d'impossibles utopies ; nous demandons qu'on fasse ce qui se pratique autour de nous. Nous n'inventons rien, nous ne voulons aucune institution nouvelle. Que notre chambre centralise et dirige des efforts vers un but profitable à l'art et au bien-être de tous, que son patronage intelligent organise l'éducation professionnelle, qu'elle fasse participer la grande famille des artistes miroitiers aux bienfaits des institutions de prévoyance qui fonctionnent autour de nous ; qu'elle soit notre représentant et notre organe, qu'elle lie par la pratique d'un dévouement journalier, le patron qui crée l'entreprise, à l'ouvrier qui accomplit la tâche partielle, que la fortune de l'un assure le bien-être de l'autre, que l'existence, la prosperité, l'avenir de chaque membre soit plus étroitement lié à la prospérité commune, que chaque miroitier puisse, en regardant son œuvre, dire je suis artiste ; que chacun de nous puisse, en voyant l'enseignement donné à son fils, en voyant l'instruction, le travail assurer son avenir, dire il sera libre, il sera utile.

Eh! que faut-il pour que tout cela se réalise? Un peu de foi, un peu de bonne volonté à suivre l'exemple donné par Saint-Gobain, par les artistes dramatiques, par les inventeurs, par les garçons baigneurs, par ces mille sociétés de gens qui sans aucun lien professionnel se sont réunis entr'eux pour se prêter un mutuel appui. Ce que je demande chacun de nous le pense et le veut; mais chacun attend que quelqu'un prenne l'initiative. En France on attend encore que le gouvernement fasse tout, tout salut doit venir de lui, comme toute grâce, et on ne songe pas que dans une démocratie toute initiative appartient à chacun, et que le gouvernement ne doit que protéger et aider le bien et garantir la liberté à l'individu pour qu'il se développe dans sa pleine activité.

Pour nous, en disant ce qui doit être fait nous croyons remplir un devoir et être utile, que quelques-uns de nos confrères joignent leur autorité à notre voix, peu d'efforts suffiront pour fonder l'organisation forte, pour le progrès et pour le bien que nous demandons.

FIN.

NOTES.

EXAMEN DES VITRES DE POMPÉI,

PAR M. BONTEMPS.

La question de savoir si les anciens connaissaient le verre à vitres et en faisaient usage, a été fréquemment débattue. Sénèque affirme que ce fut de son temps qu'on fit les premières vitres. On a longtemps discuté cette assertion, certains commentateurs voulant que les vitres dont parlait Sénèque ne fussent que des treillis, sorte de jalousies dont on garnissait les fenêtres; d'autres prétendant qu'elles n'étaient que du talc mince, qu'on appelait *pierre spéculaire*. Depuis les découvertes faites à Herculanum et à Pompéï, l'incertitude à ce sujet ne peut plus être admise. Mazois, architecte distingué, dans son ouvrage sur les ruines de Pompéï, décrit en effet des châssis qu'il a retrouvés dans cette ville, et dont la disposition ne laisse aucun doute sur leur usage.

Il est donc certain qu'en l'an 79 avant notre ère, date des éruptions du Vésuve qui enfouirent Herculanum et Pompéï, les Romains connaissaient les vitres en verre. Les châssis découverts à Pompéï ont 54 centimètres de large sur 72 de haut. Il devenait très-intéressant de savoir comment ces vitres, d'assez grandes dimensions, ont été fabriquées. Ont-elles été soufflées en cylindres ou en plateaux, ou bien ont-elles été coulées à la manière des glaces?

L'examen des fragments pouvait seul éclairer à ce sujet. M. Bontemps a reçu de M. le prince de San-Giorgio, surintendant général des musées de Naples, des morceaux de vitres trouvés à Pompéi, dont il a communiqué récemment à l'Académie la description et l'analyse chimique. Le verre est bien fondu; il présente des bulles nombreuses dans certaines portions, tandis que d'autres en sont exemptes.

L'épaisseur du verre est inégale; elle est de plus de 5 millimètres par place, tandis que d'autres n'en ont pas 3. Ce signe seul indique suffisamment que ces vitres n'ont pas été soufflées; d'ailleurs, les bulles n'ont pas la forme de celles des cylindres ni des boules soufflées.

Il résulte évidemment, pour M. Bontemps, de l'examen de ces vitres, qu'elles ont été coulées. L'inégalité de l'épaisseur prouve qu'on n'employait pas un cylindre métallique pour presser sur le verre, mais probablement une palette en bois, qui obligeait la matière fondue à remplir le cadre. « Les anciens, dit l'auteur, étaient donc bien près de l'invention des glaces coulées, qui ne devait avoir lieu en France que dix-sept siècles plus tard. »

Le verre des vitres de Pompéï est d'une teinte d'un vert bleuâtre, comme était le verre commun, il y a environ cinquante ans. L'analyse faite par M. Claudet a donné des résultats qui se rapportent tout à fait à ceux des analyses des verres fabriqués de nos jours, comme on en peut juger par les nombres suivants :

	Verre de Pompéï.	Verre français (Dumas).
Silice	69.43	68.65
Chaux	7.24	9.65
Soude	17.31	17.70
Alumine	3.55	4
Oxyde de fer	1.15	
Oxyde de manganèse	0.39	
Cuivre	traces.	
	99.07	100.00

On voit que, à part les petites quantités de fer et de manganèse, qui n'ont peut-être pas été recherchées dans le verre dont M. Dumas donne l'analyse, les mélanges employés chez les Romains étaient identiques à ceux dont on a fait pendant longtemps usage en France, et qui ne sont modifiés légèrement que depuis quelques années.

NOUVEAU PROCÉDÉ D'ARGENTURE.

On peut appliquer à l'étamage un nouveau procédé qui donne lieu, en Angleterre, à une industrie complétement nouvelle, et qui, s'il se perfectionnait suffisamment, pourrait enfin supprimer de la fabrication des glaces l'emploi si dangereux du mercure : c'est l'argenture chimique ou le revêtement en argent de toutes les substances animales, végétales et minérales. On prépare d'abord une solution de chaux caustique, de sucre de raisin ou de miel, d'acide racémique ou à son défaut d'acide gallique, fortement étendue d'eau. On filtre ce liquide et on le conserve dans des bouteilles hermétiquement fermées. On fait dissoudre ensuite du nitrate d'argent dans une quantité égale d'ammoniaque liquide et on étend la solution d'eau distillée. Au moment d'opérer, on mêle les deux liquides en quantité égale, on agite avec soin et l'on filtre.

On nettoie, avec de l'eau distillée ou de l'alcool, la glace qu'on veut argenter, et on la traite ensuite en plongeant la surface qui doit recevoir le revêtement dans le liquide contenu dans des cuvettes horizontales en terre ou en gutta-percha. Après quinze minutes, la précipitation de l'argent commence ; elle est terminée après quelques heures ; on peut hâter le dépôt de l'argent en élevant la température du liquide ou des objets. On lave ensuite dans l'eau distillée, on fait sécher à l'air ou dans une étuve et l'on recouvre d'un vernis protecteur.

On emploie aujourd'hui beaucoup, en Angleterre, l'argenture chimique pour la soie, la laine, les cheveux et autres matières fibreuses, en modifiant un peu le procédé en raison de la nature de la matière. Pour la corne, les os, le verre, le cuir, le papier, on remplace les immersions par le pinceau.

Le stuc, la faïence, tous les corps trop poreux doivent être stéarinés, vernicés ou silicatisés avant l'application des solutions argentifères. S'il s'agit de métaux, on les décape d'abord à l'acide nitrique. On les frotte à la surface avec un mélange de cyanure de potassium, on les lave dans l'eau et on les plonge ensuite alternativement dans les liquides n° 1 et n° 2, jusqu'à ce qu'ils soient suffisamment argentés.. Le fer a d'abord besoin d'être plongé dans une solution de sulfate de cuivre.

FORMULES DES LIQUIDES.

Liqueur n° 1.

Chaux caustique............	2	grammes.
Sucre de raisin ou de miel.	5	—
Acide racémique ou gallique	2	—
Eau distillée.............	650	—

Liqueur n° 2.

Nitrate d'argent...........	20	grammes.
Ammoniac.................	20	—
Eau distillée.............	650	—

Le litre revient à 2 francs.
Filtrez et conservez dans des bouteilles bien bouchées.

TABLE.

	Pages
Préface	1

CHAPITRE PREMIER. — Les miroirs. — Ce que contient une hyppogée égyptienne.— Des filles d'Israël devant le tabernacle. — Hélène et les miroirs de Corinthe. — Un artiste du temps de Pompée. — Les miroirs de bronze, les miroirs d'argent, les miroirs d'or. — Les verreries d'Héliopolis, de Sidon et d'Alexandrie. — Le cabinet d'Horace et les galeries de Domitien. — Les anciens connurent les vitres et les glaces 3

CHAPITRE II. — Venise et les verreries arabes. — Les glaces du Murano et les verres de Bohême. — Comme quoi en France on a toujours la maladie d'attribuer aux modes et aux inventions une origine étrangère. — Les 3,000 gentilshommes verriers et les corporations de miroitiers. — Le nécessaire de toilette de Louis XI et le *miroüer* du duc d'Orléans. — Abraham Thévard n'a pas inventé le coulage des glaces. — Les priviléges de Colbert.. 35

CHAPITRE III. — Les miroirs au moyen âge. — Les glaces de Venise pendant la Renaissance. — Un virelai de Regnier. — Le biseau sous Louis XIII. — Combien le préjugé peut ajouter au prix de certains objets. — Effet d'un mauvais miroir sur une jolie femme.— Ce qu'on a fait de la prospérité de Venise. 61

CHAPITRE IV. — Les glaces sous Louis XIV.— M. Biset, miroitier royal. — Le bureau de M. de Sartines. — Le miroir de Marie-Antoinette. — La curiosité des dames hollandaises. — Les glaces à notre époque.. 97

CHAPITRE V. — Les souffleurs. — Fabrication des glaces. — Fusion. — Affinage. — Soufflage. — Coulage. — Polissage. — Etamage.. 121

Pages.

CHAPITRE VI. — Saint-Gobain. — Cirey. — Monthermé.— Prémontré. — Montluçon. — Les manufactures étrangères. — Expositions universelles..................................... 147

CHAPITRE VII. — Catoptrique. — Le mirage au théâtre. — Miroirs concaves et miroirs convexes. — Le petit bout de la lorgnette. — Fantasmagories et anamorphoses................ 163

CHAPITRE VIII. — Conseils aux fabriques. — De la chambre syndicale. — L'enseignement professionnel. — Une branche d'olivier pour drapeau.— Visite de S. M. l'Empereur Napoléon III et de l'Impératrice Eugénie à Saint-Gobain. — Un musée. — Comment doit progresser l'art et se former la famille des fabricants et des artistes................................... 183

NOTES. — Examen des vitres de Pompeï, par M. Bontemps.... 205
— D'un nouveau procédé d'Argenture..................... 208

FIN DE LA TABLE.

Imp. Wiesener, rue Delaborde, 12.

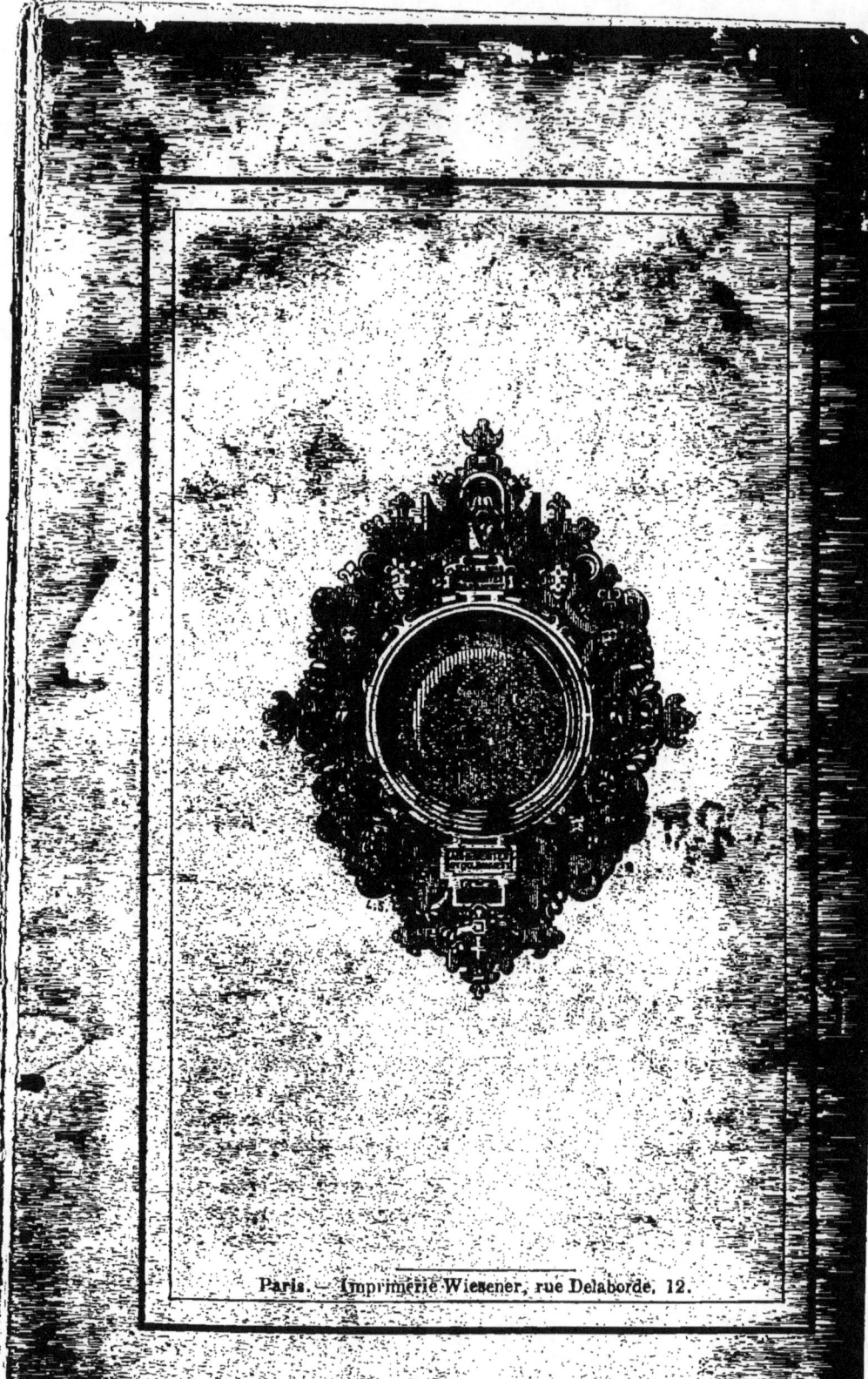

Paris. — Imprimerie Wiesener, rue Delaborde, 12.